André-Carl Vachon

Les déportations des Acadiens et leur arrivée au Québec

1755-1775

La Grande Marée

La Grande Marée désire remercier la Direction des arts
du Nouveau-Brunswick pour l'aide financière
à la publication de cet ouvrage.

Elle reconnaît également l'aide financière du gouvernement
du Canada par l'entremise du Fonds du livre canadien (FLC)
pour ses activités d'édition.

Révision linguistique :

Dominique Girard, Agence littéraire Trait d'union

Graphisme et conseil éditorial :

Raymond Thériault

Impression :

Marquis Imprimeur

ISBN 978-2-349-72314-7

C.P. 3126, succ. rue Principale
Tracadie-Sheila (Nouveau-Brunswick)
E1X 1G5 Canada

Téléphone : 1-506-395-9436

Courriel : jouellet@nbnet.nb.ca

Site Web : www.lagrandemaree.ca

Dépôt légal : 3e trimestre 2014, BAC, BAnQ, CÉAAC

À la mémoire de mon grand-oncle
Donat Guillemette (1929-2007)
qui me raconta la déportation
de nos ancêtres, comment
les « Goddamns » avaient brûlé
leurs maisons, etc.

Je le remercie de m'avoir donné
le goût d'en savoir plus…

Merci Dominic de croire en moi,
de m'avoir encouragé à écrire
et de m'avoir appuyé tout au long
de cette belle aventure!

Merci Patricia Bournival
pour tes judicieux conseils!

Merci Stéphan Bujold
pour cette connivence intellectuelle!

Préface

Faire œuvre utile

Je me souviens de la première fois que j'ai rencontré l'auteur de cet ouvrage. C'était il y a près de dix ans à la regrettée salle Gagnon de la tout aussi regrettée Bibliothèque centrale de Montréal. Un jeune homme dans la vingtaine entre dans la salle, fait inusité en soi, car ceux qui ont fréquenté l'endroit savent que la moyenne d'âge des usagers était beaucoup plus élevée. Il vient s'installer à la même table que moi : dans la trentaine, j'étais moi-même le second plus jeune de l'endroit. Je feuilletais le *White* et voilà que le jeune homme se met à reluquer le célèbre ouvrage de généalogie acadienne en deux tomes. Dès que je laisse les volumes de côté, il me demande s'il peut les consulter.

J'accepte évidemment, tout en tentant de dissimuler tant bien que mal mon étonnement et ma joie : si les jeunes généalogistes sont rares, les jeunes généalogistes acadiens le sont encore davantage ! Pour tout dire, je me croyais seul au monde et voilà que je perdais ma palme du plus jeune de cette catégorie.

La même année ou la suivante, je ne me souviens guère, le hasard faisant bien les choses, je suis au Congrès Mondial Acadien (CMA) 2004 en Nouvelle-Écosse, en visite guidée sur le site archéologique du marais à Bellisle. Voilà que survient André-Carl les deux pieds dans la boue, comme le reste de la troupe. C'était le début d'une relation intellectuelle irrégulière, mais réciproquement utile, qui m'a conduit à avoir l'honneur d'écrire la présente préface.

Je dis l'honneur et c'est même un double honneur. Depuis quelques années, il y a un renouveau d'intérêt pour l'Acadie, suscité principalement par les succès des CMA. Au Québec, ce renouveau est un peu plus timide, mais il existe aussi. Depuis 2008, les différentes associations acadiennes du Québec se sont regroupées au sein de la Coalition des organisations acadiennes du Québec. Plusieurs festivals acadiens se sont tenus et se tiennent encore depuis une décennie dans plusieurs régions québécoises où les Acadiens sont nombreux comme dans Lanaudière, à Bécancour, à L'Acadie, en Basse-Côte-Nord et dans la Baie-des-Chaleurs. Ces régions ont pour la plupart été colonisées et développées par les Acadiens qui ont fui les affres de la Déportation de 1755 ou qui sont revenus de leur lieu d'exil aussi loin qu'en France, mais principalement en Nouvelle-Angleterre. On les appelle parfois les *petites Cadies*, dont il sera question dans cet ouvrage.

Plusieurs auteurs québécois ont abordé depuis le milieu du XIXe siècle le destin et les circonstances de l'arrivée des ancêtres des Acadiens du Québec. Au plan généalogique, il faut mentionner les œuvres pionnières et titanesques d'Adrien Bergeron et Bona Arsenault. Quoique comportant plusieurs lacunes dues aux conditions spécifiques de la recherche à l'époque de leur production, elles furent déterminantes et continuent d'être abondamment citées. Au plan historique, mis à part les nombreux articles de John Dickinson ainsi que quelques mémoires de maîtrise, l'œuvre pionnière est celle de Pierre-Maurice Hébert, *Les Acadiens du Québec* (1994), souvent perçue, et à juste titre, comme la *bible* du sujet par son exhaustivité et l'abondance des sources qui y sont citées.

Voilà qu'André-Carl Vachon nous propose une œuvre qui marquera elle aussi le champ de la recherche sur les Acadiens du Québec. L'auteur a su tirer avantage des conditions actuelles de la recherche historique, c'est-à-dire l'accessibilité et le nombre grandissant des sources mises à la disposition des chercheurs par l'entremise des nouvelles technologies de l'information.

Merci à Internet. Cependant, il ne suffit pas que les sources soient disponibles ; encore faut-il être capable de bien les utiliser, de bien les mettre en relation les unes avec les autres afin de mettre de la lumière sur ce qui, jusqu'à maintenant, restait dans l'ombre concernant l'histoire ô combien importante et parfois tragique des Acadiens venus se joindre à la colonie laurentienne. Par le fait même, les Acadiens venaient la renforcer autant au plan identitaire et culturel qu'économique ou politique. Voici ce premier honneur que me fait André-Carl Vachon, celui de m'inviter à préfacer une œuvre qui s'avérera importante, voire capitale dans l'historiographie des Acadiens du Québec.

L'autre honneur qui m'est fait, provient de l'intime conviction que cet ouvrage n'est que le premier de plusieurs autres à venir… Je me vois donc privilégié de pouvoir contribuer bien humblement à la construction d'un édifice intellectuel qui est loin d'être achevé.

Alors André-Carl, au nom des Acadiens du Québec et moi-même, je te remercie chaleureusement pour ce cadeau que tu nous fais. Cette œuvre utile nous aidera à retracer le parcours de nos malheureux ancêtres.

Stéphan Bujold, politologue
et chercheur indépendant

Secrétaire de la Coalition
des organisations acadiennes
du Québec

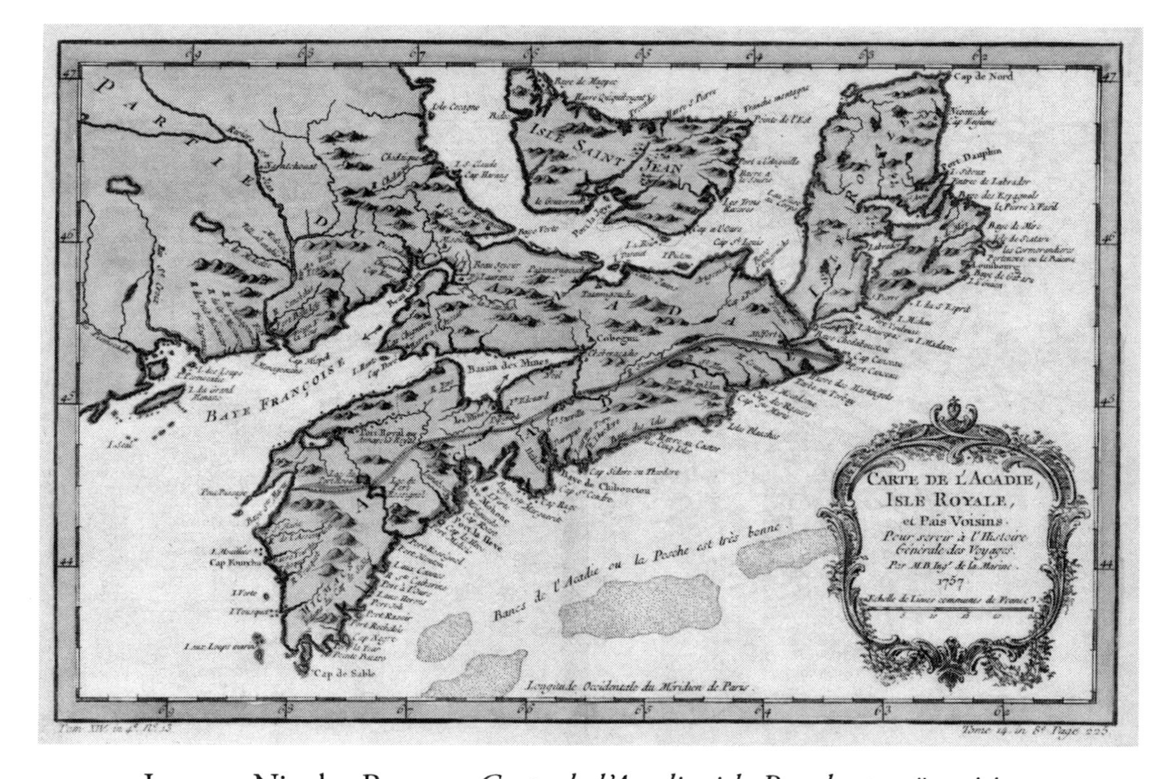

Jacques-Nicolas BELLIN, *Carte de l'Acadie, isle Royale et païs voisins. Pour servir à l'histoire generale des voyages. Par M.B. Ingr. de la Marine. 1757.* (Bibliothèque et Archives Canada. Nº MIKAN : 4132840).

Introduction

Une bonne partie des Acadiens demeurant au Québec ne savent pas qu'ils sont d'origines acadiennes. Il y a déjà plus de 250 ans que les premiers Acadiens se réfugièrent dans la colonie canadienne de l'époque, soit au Québec. Qui étaient ces Acadiens ? Qu'est-ce que ces Acadiens vinrent faire dans la colonie canadienne ? Comment arrivèrent-ils au Québec ? Pourquoi ces Acadiens choisirent de se réfugier au Québec ? Avant de répondre à ces questions, il est impératif de survoler l'histoire acadienne, des origines jusqu'en 1754, ainsi que la période du Grand Dérangement, allant de 1755 à 1762, afin de comprendre le contexte historique de la venue des Acadiens au Québec. Finalement, deux vagues d'Acadiens arrivèrent au Québec entre 1755 à 1775.

Première partie

Rappel de l'histoire acadienne

Cette partie illustre l'histoire de l'Acadie, de sa fondation à la veille de la Déportation. C'est après trois tentatives de colonisation que l'Acadie connaît un essor. Malgré tout, l'Acadie se trouve prise entre les ambitions territoriales des rois de France et d'Angleterre. Par le biais de ces disputes, les Acadiens s'adaptent aux diverses réalités coloniales. Tous ces changements favorisent la cohésion des Acadiens, ce qui les distingue des autres nations d'Amérique du Nord de l'époque. Ce résumé de l'histoire permet de contextualiser l'arrivée des réfugiés acadiens au Québec.

Chapitre 1

Au commencement

Les premiers habitants rencontrent les Européens

Lorsque les Français s'établirent en Acadie (Nouvelle-Écosse), les Mi'kmaqs n'en étaient pas à leur premier contact avec les Européens. Ils avaient auparavant rencontré, notamment, des pêcheurs basques[1]. Ces derniers seraient arrivés en Amérique du Nord au début des années 1500. Les échanges commerciaux

---

1. A) « Les femmes mi'kmaqs fabriquèrent et portèrent ces coiffes en pointe uniques tout au long des dix-huitième et dix-neuvième siècles. Celles-ci étaient traditionnellement remises aux jeunes filles lorsqu'elles devenaient adultes. Bien que leur origine soit incertaine, elles datent possiblement d'avant l'arrivée des Européens, mais il se peut aussi qu'elles aient été inspirées des coiffes de femmes de la fin du quinzième siècle offertes aux Mi'kmaqs par les marchands basques ou français. » Alexandre DUBÉ, « Tradition, bouleversement, survie : L'art touristique mi'kmaq », *Musée McCord* [En ligne], 2003 [http://www.musee-mccord.qc.ca/scripts/printtour.php?tourID=VQ_P1_3_FR&Lang=2] (Consulté le 11 mars 2013).
   B) « Jacques Cartier et les Français ne sont pas les premiers êtres humains à avoir mis les pieds ici, les Autochtones d'ici avaient colonisé le territoire bien avant eux. Au début du 16e siècle, les Européens, les Basques entre autres, débarquaient sur l'île de la Grande Tortue (le continent). Les Basques ont donc eu des contacts importants avec des peuples autochtones, notamment avec les Mi'kmaqs, les Be'othuks, les Wolastoqiyik et les Innus. » Sa'n, « Premiers occupants. Depuis toujours les Indiens ont vécu ici. Il y a longtemps… », *Mi'kma'ki internet igtug* [En ligne], s.d. [http://www.astrosante.com/PremiersAmgwesewajuit.html] (Consulté le 11 mars 2013).
   C) « And recent research has suggested that Pierre Desceliers' 1546 world map depicts a Basque chalupa whaling boat along with a native.The picture shows Basque sailors wearing their traditional pointed hats.Curiously, the traditional costume for Mi'kmaq women today (and certainly not in the sixteenth century) features a colorful wool cap with the same pointy shape. » Esteban AITOR, « On the trail of the Basque whalers. Aniaq: Mi'kmaq and Basques », *Euskal etxeak*, nº 75, 2006, p. 6-7.

entre les deux peuples laissèrent leurs traces chez les Mi'kmaqs, notamment dans le vocabulaire et les vêtements[2].

La fondation de l'Acadie

C'était la recherche d'un passage vers l'Asie qui poussa les Français à explorer l'océan Atlantique. Le passage traditionnel de la route des épices était devenu problématique. Certes, il existait également en Europe une certaine compétition sur l'acquisition des territoires et des richesses se trouvant en Amérique du Nord. En 1524, l'explorateur italien Giovanni da Verrazano cartographie le littoral nord-américain découvert par Cabot en 1497 et lui attribua le nom d'Arcadie[3]. Dix ans plus tard, les Français entreprirent la première expédition en Amérique du Nord sous la direction de Jacques Cartier. Toutefois, le climat hivernal les rebuta et ils étaient loin de penser à la colonisation du territoire. Les pêcheurs, eux, continuèrent la pêche à la morue sur le littoral de l'Amérique du Nord. Les échanges entre les Amérindiens et les Français augmentèrent avec le temps.

Le 8 novembre 1603, le roi de France, Henri VI, nomma « Pierre du Gua, sieur de Monts, vice-roi et capitaine-général de la Cadie : À commencer dés le quarantième degré, jusques au quarante-sixiéme[4] ». Ainsi, Pierre Du Gua de Monts obtint le monopole de la Nouvelle-France, avec le droit de concéder des seigneuries et de traiter avec les Amérindiens. Toutefois, il avait l'obligation d'apporter avec lui au moins soixante colons. L'aventure commença le 7 mars 1604, lorsque les deux navires

---

2. Jacques LECLERC, « La famille basque », *Trésor de la langue française au Québec (TLFQ) et l'Université Laval* [En ligne], 25 juillet 2012, [http://www.tlfq.ulaval.ca/axl/monde/fambasque.htm] (Consulté le 11 mars 2013).

3. « Arrivé dans la région de Washington au mois d'avril, il trouve la végétation si luxuriante qu'il surnomme l'endroit « Arcadie » en souvenir de cette région de la Grèce antique dont les poètes ont célébré l'innocence et la joie de vivre. » Jean DAIGLE, *L'Acadie des Maritimes. Études thématiques des débuts à nos jours*, Moncton, Chaire d'études acadiennes, 1993, p. 2.

4. Naomi E.S. GRIFFITHS, *L'Acadie de 1686 à 1784. Contexte d'une histoire*, Moncton, Éditions d'Acadie, 1997, p. 5.

mirent les voiles en direction de l'Amérique du Nord. Pierre Du Gua de Monts était accompagné de Samuel de Champlain, géographe du roi, et de Jean de Biencourt de Poutrincourt, ainsi qu'une centaine d'engagés divers. Après avoir exploré la baie française, l'emplacement de l'île Sainte-Croix (Dochet Island, Maine) fut choisi pour établir la première colonie. Samuel de Champlain et Pierre Du Gua de Monts restèrent pour l'hiver avec plusieurs hommes[5]. Ils étaient au nombre de 80. De son côté, Jean de Biencourt de Poutrincourt retourna en France. Avant l'arrivée de l'hiver, Champlain en profita pour poursuivre ses explorations et pour faire alliance avec les Etchemins, connus sous le nom de Malécites.

> [Lorsqu'il arriva au] bassin des Mines, dans la région de Grand-Pré, où il s'émerveilla de voir une vieille croix de bois moussu qui témoigne du passage en ces lieux des premiers explorateurs ou pêcheurs chrétiens[6].

L'hiver apporta son lot de difficultés, notamment la maladie. La jeune colonie fut frappée par le scorbut qui tua la moitié des hommes, qui furent enterrés au printemps. À la mi-juin 1605, le navire de Gravé DuPont arriva en Acadie avec une relève de 36 hommes ainsi qu'avec des ravitaillements. Ils déplacèrent la colonie à Port-Royal (1605). Lors de son séjour en France, Jean de Biencourt de Poutrincourt profita de l'occasion « pour se faire octroyer par ordonnance royale, en date du 25 février 1606, le fief de Port-Royal que M. de Monts lui avait concédé verbalement en 1604. Au printemps 1606, Jean de Biencourt de Poutrincourt, devenu lieutenant-gouverneur de l'Acadie, retourna dans la jeune colonie accompagné, entre autres, de l'apothicaire Louis Hébert[7] et de l'avocat Marc Lescarbot.

---

5. Nicolas LANDRY et Nicole LANG, *Histoire de l'Acadie*, Québec, Septentrion, 2001, p. 19.
6. Bona ARSENAULT, *Histoire des Acadiens*, Québec [Saint-Laurent], 1994, p. 23.
7. Louis Hébert est le cousin de Claude Pajot, l'épouse de Jean de Biencourt de Poutrincourt.

L'année suivante, Marc Lescarbot présenta la « première pièce de théâtre en Amérique du Nord – le *Théâtre de Neptune* – ». De son côté, « Samuel de Champlain crée l'Ordre du Bon Temps où, tour à tour, les colons se voient confier la tâche de garnir la table des produits de leur chasse et de leur pêche[8] ». Malgré tous ces efforts, la jeune colonie resta dans une situation précaire jusqu'à la révocation du monopole de Du Gua de Monts en 1607. Nous assistons donc à l'échec de l'établissement de la colonie en Acadie. Les Français abandonnèrent Port-Royal, le 16 août 1607.

L'Acadie, prise deux

En 1610, Poutrincourt raviva l'idée de la colonisation acadienne, puis il retourna à Port-Royal en juin. Toutefois, les efforts étaient si modestes que la colonie semblait être de retour à la case départ.

> Faisant face à des difficultés économiques croissantes, Poutrincourt doit faire appel à l'aide financière des jésuites. Il leur offre de faire venir deux d'entre eux [les Pères Pierre Biard et Énemond Massé[9]] pour le seconder dans son travail, le prêtre séculier Jessé Fléché ; arrivés sur place, ils [les Pères Biard et Massé] accusent ce dernier d'avoir baptisé précipitamment les Indiens sans leur avoir donné l'instruction religieuse jugée nécessaire. L'affaire prend des proportions telles que la question, présentée à la cour et à la Sorbonne, divise la colonie en deux camps. Les jésuites jettent l'interdit canonique sur Port-Royal et, avec l'appui de leurs bailleurs de fonds [entre autres, Madame Antoinette de Pons, marquise de Guercheville], fondent en 1613 une colonie rivale à Saint-Sauveur, près de l'île des Monts déserts, dans le Maine actuel[10].

8. Jean DAIGLE, *L'Acadie des Maritimes. Études thématiques des débuts à nos jours*, Moncton, Chaire d'études acadiennes, 1993, p. 3.
9. Nicolas LANDRY et Nicole LANG, *Histoire de l'Acadie*, Québec, Septentrion, 2001, p. 24.
10. Jean DAIGLE, *L'Acadie des Maritimes. Études thématiques des débuts à nos jours*, Moncton, Chaire d'études acadiennes, 1993, p. 4.

En 1613, Samuel Argall de la Virginie reçut l'ordre d'anéantir les colonies françaises en Acadie. Saint-Sauveur, Sainte-Croix et Port-Royal furent rasés. Il ne resta qu'un moulin à Port-Royal. Les Britanniques revendiquèrent le territoire découvert par Cabot en 1497 au nom du roi d'Angleterre. En 1614, Port-Royal regagna son statut de poste de traite. Toutefois, les vainqueurs britanniques s'attribuèrent le territoire et tentèrent de le coloniser. Ce qui s'avéra un autre échec. À Port-Royal, une vingtaine d'hommes y vivaient toujours sous la gouverne de Charles de Biencourt jusqu'à sa mort en 1624 et ensuite, sous la gouverne de Charles de La Tour. À ce moment, La Tour déplaça la jeune colonie à Cap-Sable[11] avec quelques Français obligés de « vivre ainsy que le peuples [Indiens] du pays et vestûs comme eux[12]. » Ces premiers habitants français en Acadie étaient en fait « associés à des marchands de La Rochelle, [qui] affrètent presque chaque année un bateau qui leur apporte les produits nécessaires à leur subsistance[13]. »

Entre-temps, Jacques Ier d'Angleterre et VI d'Écosse concéda à Sir William Alexander, le 10 septembre 1621, les territoires de l'Amérique septentrionale du 40e au 48e degré (ce qui inclut l'Acadie et la Nouvelle-France). Le territoire fut renommé Nova Scotia ou New Scotland. Vers 1626, le fort Pentagouët, sous la gouverne de Claude de La Tour (père de Charles), fut repris par les forces anglaises. Les installations de Cap-Sable étaient désormais le seul chef-lieu français en Acadie. Claude de La Tour retourna en France de force… En 1628, ce dernier décida de retourner en Acadie auprès de son fils Charles. Toutefois, il fut arrêté par l'armée de David Kirke et emmené en Angleterre. Pour ses services rendus à la couronne britannique et pour ses connaissances de l'Acadie, William Alexander

---

11. Cet endroit fut nommé en premier lieu au nom de fort Saint-Louis ensuite, il fut renommé fort Lomeron puis, fort La Tour.
12. Jean Daigle, *L'Acadie des Maritimes. Études thématiques des débuts à nos jours*, Moncton, Chaire d'études acadiennes, 1993, p. 4.
13. *Ibid.*, p. 4.

concéda, en 1629, un territoire à Claude de La Tour et lui donna le titre de baronnet de la Nouvelle-Écosse. En mai 1630, Claude de La Tour était de retour en Acadie avec un groupe de colons écossais. Puis, le 8 février 1631, le roi de France, Louis XIII, nomma Charles de La Tour gouverneur et lieutenant général de l'Acadie.

Les dates à retenir

16e siècle :

Des pêcheurs basques vinrent pêcher sur les côtes de l'Amérique du Nord. Ils furent la rencontre des Mi'kmaqs.

1604 (septembre) :

Pierre du Gas, Sieur de Monts, parcourra les côtes de l'Amérique du Nord, construisit un fortin sur l'île Sainte-Croix et fonda l'Acadie.

1605 :

Construction du premier fort à Port-Royal et la colonie y fut déplacée.

1613 (octobre) :

Samuel Argall et des colons anglais de la Virginie détruisirent les établissements français acadiens et empêchèrent l'établissement français au Maryland.

1620 (3 novembre) :

Jacques Ier d'Angleterre s'empara de l'Acadie et de la Nouvelle-France.

1621 (10 septembre) :

Jacques Ier d'Angleterre concéda l'Acadie à Sir William Alexander et donna le nom de Nouvelle-Écosse à l'Acadie.

1624 :

La colonie abandonna Port-Royal et s'établit au fort Lomeron, au Cap-Sable, qui resta le seul bastion français en Acadie.

Chapitre 2

La colonie prend racine

La colonisation de l'Acadie : 3e essai

Le 29 mars 1632, lors de la signature du traité de paix de Saint-Germain-en-Laye, l'Angleterre remit les colonies françaises d'Amérique du Nord à la France. Dès lors, les tentatives de colonisations reprirent de plus belle avec la compagnie des Cent-Associés du cardinal Richelieu, Armand Jean du Plessis.

> Richelieu avait exigé que les colons destinés à l'Acadie soient *Français catholiques et de mœurs irréprochables.*[14]

Isaac de Razilly fut nommé lieutenant général du roi et gouverneur de l'Acadie. Il installa la nouvelle colonie à La Hève, le 8 septembre 1632. De son côté, Nicolas Denys s'installa à Port-Rossignol pour s'adonner au commerce de la pêche. Quelque temps après leur arrivée, de Razilly envoya des hommes s'emparer de la colonie écossaise de Fort Charles fondée en 1629 par William Alexander. Cette colonie qui comptait quarante-six Écossais était située « à cinq milles des ruines de Port-Royal[15] ». Ces derniers furent déportés en Angleterre sur l'un des bateaux de Razilly, tel que rapporté dans la Gazette de Renaudot, le 11 février 1633[16]. Charles de La Tour retourna en France pour

14. Bona ARSENAULT, *Histoire des Acadiens*, Québec [Saint-Laurent], 1994, p. 17.
15. Michel ROY, *L'Acadie des origines à nos jours. Essai de synthèse historique*, Montréal, Québec/Amérique, 1981, p. 41.
16. Theophraste RENAUDOT, *Recueil des gazettes, nouvelles, Relations & autres choses Memorables de toute l'Annee 1633. Dedie au roy*. Paris, Au Bureau d'Adresse, 1634, p. 70. : « après avoir deschargé aux dunes de a coste d'Angleterre les quarante-six Ecossois qui estoient au Port Royal. » Texte cité dans : Geneviève MASSIGNON, *Les parlers français d'Acadie, enquête linguistique, Volume 1*, Paris, Librairie C. Klincksieck, 1962, p. 18.

faire clarifier son titre de gouverneur et lieutenant général de l'Acadie ainsi que pour distinguer son territoire de celui de Razilly. En 1633[17], il retourna en Acadie et Razilly lui concéda un fief sur la rivière Saint-Jean, en plus de ses terres de la région de Cap-Sable[18]. En 1634, Razilly concéda à Nicolas Denys une terre boisée de chênes blancs, à La Hève, pour lui permettre d'exploiter une entreprise de bois ouvré destinée à la construction des navires en France.

> Sous Razilly, la colonie de La Hève se développe assez rapidement. Les colons se mettent au défrichement des lots et, en trois ans, deviennent relativement autonomes grâce aux bénéfices complémentaires de la fourrure, des pêches et du bois ouvré. Un noyau plus petit évolue à Port-Royal où l'agriculture est nettement prédominante[19].

Razilly décéda en novembre 1635 et Charles de Menou d'Aulnay lui succéda comme gouverneur de l'Acadie. Charles de Menou d'Aulnay mit fin aux activités économiques de La Hève et déplaça la colonie à Port-Royal en 1636. Après la mort de Razilly, les rivalités territoriales et économiques survinrent entre Charles de Menou d'Aulnay, Charles de La Tour et Nicolas Denys, ce qui réduisit les efforts de colonisation.

Dans le recueil[20] de Charles de Menou d'Aulnay, intitulé *Extrait et mémoire de ce que le sieur d'Aulnay a fait dans la*

---

17. Theophraste Renaudot, *Recueil des gazettes, nouvelles, Relations & autres choses Memorables de toute l'Annee 1633. Dedie au roy*. Paris, Au Bureau d'Adresse, 1634 : « La Rochelle, le 6 mars 1633. Le sieur de La Tour fait à la fin de ce mois son embarquement en cette ville : d'où il passera en son habitation du fort de La Tour au Cap Negre, dont il est lieutenant général pour le Roy, en la coste de Lacadie, païs de la Nouvelle France. » Texte cité dans : Geneviève Massignon, *Les parlers français d'Acadie, enquête linguistique, Volume 1*, Paris, Librairie C. Klincksieck, 1962, p. 18-19.
18. Nicolas Landry et Nicole Lang, *Histoire de l'Acadie*, Québec, Septentrion, 2001, p. 28.
19. *Ibid.*, p. 27.
20. BN Collection Margry, vol. 9281 Ms 9281, F° 104. Texte cité dans : Geneviève Massignon, *Les parlers français d'Acadie, enquête linguistique, Volume 1*, Paris, Librairie C Khncksieck, 1962, p.19.

Nouvelle France, daté de 1644, ce dernier relate qu'il y avait en Acadie :

> [D]eux cens hommes, tant soldats, laboureurs, que autres artisans, sans compter les femmes et les enfants, ni les Capucins ni les enfans sauvages. Il y a en outre vingt ménages[21] françois qui sont passés avec leurs familles, pour commencer à peupler les pays, dans lesquels ledit sieur d'Aulnay en feroit passer bien davantage, s'il avait plus de bien. Pour nourrir quatre cens bouches, il faut beaucoup dépenser, et maintenir trois forts, freter trois ou quatre vaisseaux tous les ans pour le transit.

Liste des vingt familles connues en 1644[22]

1. Nicolas LeCreux et Anne Motin. Ils étaient à bord du *Saint-Jean* en 1636.
2. Isaac Pesseley et Barbe Bajolet. Ils étaient à bord du *Saint-Jean* en 1636.
3. Jean Cendre et Perrine Baudry. Ils étaient à bord du *Saint-Jean* en 1636.
4. Pierre Martin et Catherine Vigneau. Ils étaient à bord du *Saint-Jean* en 1636.
5. Guillaume Trahan et Françoise Corbineau. Ils étaient à bord du *Saint-Jean* en 1636.
6. Michel Boudrot et Michelle Aucoin. Premier syndic en 1639.
7. Claude Petitpas, père. Premier syndic en 1639.

21. Sans compter sa famille (Charles Menou d'Aulnay et Jeanne Motin) ainsi que celle de Charles de Saint-Étienne de La Tour et Françoise-Marie Jacquelin.

22. Jacques NERROU, *Navires et engagés pour « les terres neufve de la Nouvelle-France et des coste de la Cadie ». 1600-1654. Notaires Rochelais*, Saint-Agnant, France, À compte d'auteur, avril 1999, 25 p. – Stephen A. WHITE, *Dictionnaire généalogique des familles acadiennes : première partie 1636 à 1714. Volume I et II*, Moncton, Centre d'études acadiennes, 1999, 1641 p. – Le sieur Labat au ministre : état des terres occupées par le fort du Port-Royal et des maisons à démolir comme nuisibles aux fortifications. 2 décembre 1705. Archives nationales d'outre-mer (ANOM), COL C11D 5/fol.157-158v. – François ROUX, « Liste des passagers du St François », *Poitou-Acadie-Bretagne* [En ligne], 14 août 2005, [http://froux.pagesperso-orange.fr/divers/stfran.html] (Consulté le 13 mars 2013).

8. Famille de Germain Doucet. Première mention le 14 juillet 1640.
9. Jean Lambert. Il était à bord du navire *Le Loyal* en 1615[23].
10. Jean Blanchard et Radegonde Lambert. Première concession à Port-Royal en 1636.
11. Simon Pelletret et Perrine Bourg. Première concession à Port-Royal en 1636.
12. François Gautrot, veuf de Marie, et Edmée Lejeune, mariés vers 1644. Première concession à Port-Royal en 1636.
13. Famille Lejeune[24] (les enfants : Edmée et Catherine).
14. Jacques Bourgeois et Jeanne Trahan. Jacques était à bord du *Saint-François* en 1641.
15. Robert Cormier et Marie Péraud. Contrat d'engagement daté du 8 janvier 1644.

Et vraisemblablement…

16. Antoine Bourg et Antoinette Landry.
17. Famille de Marie Sallé, veuve de Martin Aucoin.
18. Jean Thériot et Perrine Rau[25].
19. Famille de Jean Gaudet[26].
20. Denis Gaudet et Martine Gauthier, mariés vers 1643.

À la mort de d'Aulnay en 1650, il n'y avait seulement qu'« entre 45 et 50 familles, une soixantaine d'hommes, engagés et soldats, au total plus de 300 habitants[27] » en Acadie. Après la mort de d'Aulnay, Charles de La Tour fut nommé gouverneur de l'Acadie, par le roi, le 27 février 1651[28]. Il fit

23. Narcisse Eutrope DIONNE, *Samuel Champlain. Fondateur de Québec et Père de la Nouvelle-France, histoire de sa vie et de ses voyages. Tome premier*, Québec, A. Côté et Cie, Imprimeurs-éditeurs, 1891, p. 367-368.
24. Ils auraient été vraisemblablement à bord du *Le Saint-Élie* en 1642.
25. Robert RUMILLY, *Histoire des Acadiens. Vol. I.*, Montréal, Fides, 1955, p. 55.
26. *Ibid.*, p. 55.
27. Michel ROY, *L'Acadie des origines à nos jours. Essai de synthèse historique*, Montréal, Éditions Québec/Amérique, 1981, p. 45.
28. Confirmation du gouverneur d'Acadie pour Charles de Saint-Etienne de La Tour. Copie datée de Louisbourg, 5 novembre 1720. Archives nationales d'outre-mer (ANOM, France), COL C11D 1/fol.82-83v.

enregistrer à La Rochelle, des lettres patentes, le 6 juin 1651, qui le confirmait comme « gouverneur et lieutenant général en tous les païs, territoires, costes et confins de l'Acadie[29]. » Ensuite, La Tour et ses engagés (soldats et quelques familles) quittèrent la France en direction de l'Acadie. Ils arrivèrent en Acadie le 23 septembre[30]. Dès leur arrivée, sieur de La Tour présenta ses titres à la veuve d'Aulnay. Quelques mois plus tard, pour régler les problèmes de succession de d'Aulnay, Charles de La Tour épousa Jeanne Motin, la veuve d'Aulnay, le 24 février 1653, à Port-Royal, en présence, entre autres, de Germain Doucet et de Jacques Bourgeois. Toutefois, ce mariage ne régla rien en soi… À l'été, Emmanuel Le Borgne, le créancier de d'Aulnay, arriva en Acadie pour réclamer une somme de 260 000 livres. Le 30 août 1653, Le Borgne profita de l'absence de La Tour pour faire signer une reconnaissance de dettes auprès de la veuve d'Aulnay. Le Borgne saisit « les biens des héritiers de d'Aulnay en Acadie et dans les ports de France » et s'empara « des postes de Pentagouet La Hève, Saint-Pierre et Nipisiguit[31] ». Cette manœuvre déclencha un conflit entre Emmanuel Le Borgne, Nicolas Denys et Charles de La Tour.

> Les conflits armés entre le créancier Le Borgne et les concessionnaires La Tour-d'Aulnay et Denys gênent le progrès de la colonie ; le flot migratoire se tarit, l'école de filles dirigée par Mme Brice est fermée et les pères récollets quittent la mission de Port-Royal[32].

Comme l'a souligné John Reid, l'attrait de l'entreprise coloniale provenait en partie du désir d'imiter les succès espagnols

29. Texte cité en bas de page dans : Geneviève MASSIGNON, *Les parlers français d'Acadie, enquête linguistique, Volume 1*, Paris, Librairie C. Klincksieck, 1962, p.19.
30. Robert RUMILLY, *Histoire des Acadiens. Vol. I*, Montréal, Fides, 1955, p. 78.
31. Mason WADE, « Le Borgne, Emmanuel », *Dictionnaire biographique du Canada* [En ligne], 2000, [http://www.biographi.ca/009004-119.01-f.php?&id_nbr=413] (Consulté le 13 mars 2013).
32. Jean DAIGLE, *L'Acadie des Maritimes. Études thématiques des débuts à nos jours*, Moncton, Chaire d'études acadiennes, 1993, p. 8.

> et d'acquérir « de vastes territoires coloniaux pour le prestige national et personnel de ceux qui y auraient joué un rôle direct (Reid, *Acadia*, p. xiv) ». Les métropoles espéraient toujours en retirer d'importants avantages économiques grâce à la découverte d'or, de métaux précieux ou de pierreries, ou d'autres prétendues sources de richesses. Toute colonie qui ne produisait pas rapidement les résultats escomptés perdait sa valeur aux yeux des gouvernements européens[33].

Un autre échec

En 1654, la colonie acadienne repassa aux mains des Anglais, et ce, jusqu'en 1670. Pendant cette période, privés des ravitaillements provenant de France, les Acadiens n'eurent d'autre choix que de développer des relations économiques avec leurs voisins anglais et bostonnais. De plus, la coexistence des Acadiens, des Amérindiens ainsi que des Anglais caractérisa la vie en Acadie de l'époque[34]. Cette coexistence s'illustra en effet en 1654, lorsque les conquérants anglais laissèrent « Port-Royal sous la direction d'un conseil des habitants de l'endroit, présidé par Guillaume Trahan[35]. »

Le développement de l'Acadie

En 1664, la Compagnie des Indes occidentales fut créée pour prendre le relais de la colonisation. Toutefois, les fonctionnaires français étaient peu favorables à la colonisation de la Nouvelle-France et de l'Acadie, comme le disait le ministre Jean-Baptiste Colbert dans une lettre adressée à l'intendant Jean Talon, le 5 avril 1666 :

33. Naomi E.S. Griffiths, *L'Acadie de 1686 à 1784. Contexte d'une histoire*, Moncton, Éditions d'Acadie, 1997, p. 9.
34. *Ibid.*, p. 9.
35. Bona Arsenault, *Histoire des Acadiens*, Québec [Saint-Laurent], 1994, p. 47.

> Il ne serait pas de la prudence de dépeupler son Royaume comme il faudrait faire pour peupler le Canada[36].

Le 31 juillet 1667, lors de la signature du traité de Bréda, l'Angleterre redonna l'Acadie à la France. Toutefois Thomas Temple, l'administrateur britannique, ne remit le territoire qu'en 1670 à Hector d'Andigné de Grandfontaine, le nouveau gouverneur d'Acadie. L'immigration reprit quelque peu à partir de 1671 sous les instructions de Colbert. Au recensement de 1671, il y avait en Acadie « moins de 400 âmes, dont 320 à Port-Royal[37] ». Il y avait aussi la seigneurie de Pobomcoup, le hameau du Cap-Nègre, ainsi que La Hève, Pentagouët et Jemseg. Les Acadiens demeuraient dans des hameaux familiaux, c'est-à-dire que les familles, élargies ou par alliances, résidaient près l'une de l'autre. Ces hameaux regroupaient en moyenne entre quatre à huit maisons.

> Leur organisation familiale explique que les habitants de la baie Française aient pu demeurer plus d'un siècle et demi sur ce territoire convoité par plusieurs puissances. En effet, l'immigration restreinte en Acadie fait qu'après trois ou quatre générations, tous les habitants des divers établissements sont unis les uns aux autres par des liens de parenté (oncles, cousins, petits-cousins, etc.). Comme c'est toujours le cas dans une société paysanne, les liens affectifs et de consanguinité représentent la base sur laquelle s'établit un réseau d'entraide, de solidarité et d'interdépendance[38].
>
> À tous les niveaux, la coopération faisait partie intégrante de la vie acadienne : dans les travaux de la maison et de la ferme, la construction et l'ameublement d'habitations, les tâches domestiques [tels] que le tissage, le tricot, la couture et le raccommodage; dans la chasse et l'apprêt des peaux

36. Lettre du ministre Colbert à Talon, Versailles, 5 avril 1666. Archives nationales d'outre-mer (ANOM, France), COL C11A 2/fol.199-206v.
37. Michel Roy, *L'Acadie des origines à nos jours. Essai de synthèse historique*, Montréal, Québec/Amérique, 1981, p. 49.
38. Jean Daigle, *L'Acadie des Maritimes. Études thématiques des débuts à nos jours*, Moncton, Chaire d'études acadiennes, 1993, p. 21.

> pour le commerce; dans l'éducation des enfants et même dans l'apprentissage d'une technique de pêche[39].

L'essor de l'Acadie ne se fit que très lentement, puisque le roi français investit peu ou pas d'argent pour le développement des colonies en Amérique du Nord, comme le disait le ministre Jean-Baptiste Colbert dans une lettre adressée à l'intendant Jean Talon, le 4 juin 1672 :

> Sa Majesté ne peut faire cette année aucune dépense pour le Canada. Elle veut que vous acheviez la liquidation des debtes de la communauté de Canada, et pourvoyez aux moyens de les acquitter avant vostre départ. Que vous fassiez autant qu'il vo[us] sera possible la communication du Canada avec l'Acadie[40].

Malgré cela, Jacques Bourgeois fonda la colonie Bourgeois à Chignectou en 1672. Quelques années plus tard, cette bourgade fut renommée Beaubassin. Vers 1680, Pierre Thériot cofonda Grand-Pré avec Pierre Melanson, le capitaine de la milice de la région des Mines. Toutefois, il fallut quelques années avant que l'église Saint-Charles-des-Mines fût construite en 1687. Ensuite, les premiers colons allèrent s'établir sur les rives de la rivière Pisiguit entre 1685 et 1693, où ils fondèrent deux paroisses : la première étant Sainte-Famille (dès les premières années) et la deuxième étant L'Assomption, en 1700. Puis, Mathieu Martin reçut la concession de Cobequid en 1689. Neuf ans plus tard, Pierre Thibodeau fonda Chipoudy et Guillaume Blanchard, Petitcoudiac. Malgré tout, l'immigration resta très fiable. Très rapidement, ce fut les premières familles qui assurèrent le développement démographique naturel de la colonie. De plus, comme l'Acadie était pratiquement

39. Naomi E.S. Griffiths, *L'Acadie de 1686 à 1784. Contexte d'une histoire*, Moncton, Éditions d'Acadie, 1997, p. 53-54.

40. Pierre-George Roy, « Lettre du ministre Colbert à Talon (4 juin 1672) », *Rapport de l'archiviste de la province de Québec (RAPQ)*, tome 11, 1930-1931, p. 169.

isolée de la France, il n'était donc pas surprenant de constater la multiplication des échanges commerciaux entre l'Acadie et la Nouvelle-Angleterre, malgré son interdiction. De plus, « certains commerçants anglais ont pignon sur rue, notamment à Port-Rossignol et à Port-Royal[41] ». Ainsi, les Acadiens échangèrent leurs surplus de l'agriculture, de la pêche et des fourrures contre des outils, de la vaisselle, des ustensiles, du sucre, de la mélasse, du rhum, etc.

La pression démographique et expansionniste de la Nouvelle-Angleterre se faisait sentir sur l'Acadie faiblement peuplée. D'autres tentatives de prise de l'Acadie se manifestèrent… Pentagouët fut attaqué par les Hollandais en 1674, Chedabouctou en 1687 et Port-Royal en 1690.

> À la prise de Port-Royal par William Phips en 1690, celui-ci choisit six conseillers acadiens qui devaient voir au maintien de la paix parmi les habitants[42].

Pendant cette période, l'Acadie fut même annexée à la colonie du Massachusetts. Ce fut la guerre jusqu'au traité de paix de Ryswick en 1697, où l'Acadie repassa sous la gouvernance française. En 1701, le nouveau gouverneur de l'Acadie, Jacques-François de Monbeton de Brouillan, décida de mieux préparer les Acadiens à d'éventuelles attaques, en créant la milice acadienne. Cette dernière était divisée en six compagnies, ayant chacune son capitaine.

> Le capitaine avait la garde des fusils de son district, et un banc spécial lui était réservé à l'église[43].

---

41 Jean Daigle, *L'Acadie des Maritimes. Études thématiques des débuts à nos jours*, Moncton, Chaire d'études acadiennes, 1993, p. 16.

42. Régis Brun, *Les Acadiens avant 1755 : essai*, Moncton, À compte d'auteur, 2003, p. 29.

43. *Ibid.*, p. 30.

Quelques années plus tard, il y eut quelques raids entre les colonies, notamment en 1704 et en 1707. L'Acadie tomba une dernière fois aux mains des Anglais, le 13 octobre 1710. Le traité d'Utrecht céda définitivement l'Acadie à l'Angleterre, le 11 avril 1713.

Les dates à retenir

1632 (29 mars) :

Traité de Saint-Germain-en-Laye : l'Angleterre restitua l'Acadie et la Nouvelle-France à la France.

1636 :

Menou d'Aulnay déplaça la colonie à Port-Royal, près de l'ancien site.

1654 (16 août) :

L'Acadie passa aux mains des Anglais.

1667 (31 juillet) :

Traité de Bréda rendit l'Acadie à la France.

1690 (19 mai) :

Sir William Phips s'empara de Port-Royal. Puis le 7 octobre, l'Acadie fut annexée à la colonie du Massachusetts et fut renommée Nouvelle-Écosse.

1697 (25 septembre) :

Traité de Ryswick rendit l'Acadie et Terre-Neuve à la France.

1702 :

La guerre reprit entre la France et la Grande-Bretagne (l'Angleterre et l'Écosse).

1710 (13 octobre) :

Après la capitulation de Port-Royal, l'Acadie devint possession anglaise et reprit définitivement le nom de Nouvelle-Écosse.

1713 (11 avril) :

Traité d'Utrecht. La France céda définitivement l'Acadie à l'Angleterre.

Chapitre 3

L'Acadie devient officiellement la Nouvelle-Écosse

L'Acadie anglaise et le serment d'allégeance

Le traité de paix signé à Utrecht en 1713 offrait la possibilité aux Acadiens de quitter leur terre pendant une période d'un an. Ils étaient invités à coloniser l'île Royale, mais l'idée de recommencer à nouveau n'avait pas plu à beaucoup d'Acadiens ; ce qui arrangeait les Américains qui ne voulaient pas voir renforcer la colonie française de l'île Royale. Les autorités anglaises demandèrent aux Acadiens de prêter un serment d'allégeance à la royauté d'Angleterre. Le serment d'allégeance était une pratique courante auprès des Britanniques. De plus, un nouveau serment devait être signé chaque fois que l'on changeait de roi[44]. En 1714, quelques Acadiens furent choisis par l'administration britannique d'Annapolis Royal (nouveau nom de Port-Royal), afin de servir d'intermédiaire entre elle et la population. Ce sont ces Acadiens, représentant chacun des hameaux, qui prêtèrent le serment d'allégeance, tout en refusant de prendre les armes contre les Français et les Amérindiens. Ceux d'Annapolis Royal le firent le 22 janvier 1715, ceux de la région des Mines le firent le 12 mars 1715 et ceux de Beaubassin, le 28 mars 1715. Quelques années plus tard, les autorités britanniques décidèrent d'officialiser ce système de représentation. Dorénavant, les

---

44. Selon cette coutume, les Acadiens ont donc dû prêter un serment d'allégence pour le règne de George Ier (1714-1727), celui de George II (1727-1760) et celui de George III (1760-1820) ; le dernier sera signé par les Acadiens qui seront de retour à partir de 1764. ——, « Histoire de la Grande-Bretagne », *L'Encyclopédie Larousse* [En ligne], 2009, [http://www.larousse.fr/encyclopedie/divers/histoire_de_la_Grande-Bretagne/185776] (Consulté le 13 mars 2013).

délégués acadiens seraient élus annuellement le 1er octobre[45], sous l'approbation du gouverneur. Il y eut en tout 24 délégués : huit à Annapolis Royal, quatre à Grand-Pré, quatre à Pisiguit, quatre à Cobequid et quatre à Beaubassin. Ils exerçaient :

> [L]es responsabilités de juge de paix même s'ils ne peuvent recevoir la charge à cause du serment de *Test*[46]. De plus, ils se voient attribuer des fonctions administratives, comme la surveillance de l'entretien des clôtures, des routes et des ponts[47].
>
> L'Acadien Prudent Robichaud, et Paul Mascarene, huguenot français et lieutenant-gouverneur de la colonie, sont ceux auxquels on a le plus souvent recours pour la traduction et l'interprétation des ordres administratifs, judiciaires et politiques de la colonie[48].

Les échanges commerciaux se poursuivirent entre l'Acadie anglaise et Boston. Toutefois, un nouveau pôle commercial se développa avec la fondation de la forteresse de Louisbourg, île Royale, en 1720 ; ce qui irrita les autorités britanniques de la Nouvelle-Écosse. La forteresse fut érigée stratégiquement afin de protéger les territoires français (l'île Royale, l'île Saint-Jean et le Canada) ainsi que les pêcheries françaises dans le golfe Saint-Laurent. En plus de Louisbourg, au moins deux autres villages devinrent des centres importants : Port-Toulouse, pour le minerai d'ardoise, et Port d'Orléans à Niganiche, comme port de pêche. En parallèle, le comte Saint-Pierre, Louis-Charles-Hyacinthe Castel, commença la colonisation de l'île Saint-Jean (en 1720) qui n'était habitée que par des Mi'kmaqs. Dès lors, des Acadiens de la Nouvelle-Écosse commencèrent à émigrer sur les deux îles.

---

45. Soit à l'occasion de l'anniversaire du couronnement de George II.
46. « [...] les Catholiques furent exclus de toute fonction publique, de l'armée, de la marine et du Parlement. » Naomi E.S. Griffiths, *L'Acadie de 1686 à 1784. Contexte d'une histoire*, Moncton, Éditions d'Acadie, 1997, p. 37.
47. Jean Daigle, *L'Acadie des Maritimes. Études thématiques des débuts à nos jours*, Moncton, Chaire d'études acadiennes, 1993, p. 27.
48. *Ibid.*, p. 28.

Puis, avec l'accession au trône du nouveau roi George II, les Acadiens durent signer un nouveau serment d'allégeance en octobre 1727. Voici un extrait de ce serment d'allégeance :

> Je promets et je jure sincèrement que je seray fidèle et obéiray véritablement à Sa Majesté le Roy Georges Second. Dieu me soit en aide.
>
> Je Robert Wroth, En Seigne Adjudant de Sa Majesté le Roy Georges Second promets et accorde au nom du Roy mon maître et de l'Honnorable Lawrence Armstrong, Ecuier son Lieutenant Gouverneur, le commandant en chef de cette Province aux habitans de Chignitou et villages dépendans qui auront signé le serment de fidélité au Roy Georges Second, les articles cy dessous qu'ils m'ont demandés, sçavoir :
>
> 1° Qu'ils seront exempts de prendre les armes contre qui que ce soit tandis qu'ils seront sous la domination du Roy d'Angleterre.
>
> 2° Qu'ils seront libres de se retirer où bon leur semblera et qu'ils seront déchargés du seing qu'ils auront faits aussy tôt qu'ils seront hors la domination du Roy de la Grande Bretagne.
>
> 3° Qu'ils auront leur pleine et entière liberté de leur religion, et d'avoir des prêtres catholiques, apostoliques et romains.
>
> Fait et donné à Messagoueche, Chignitou, en la première année du reigne de Sa Majesté le Roy Georges Second, ce vingtième Octobre 1727.
>
> (Signé) Robert Wroth[49]

Il fallut attendre vingt ans après la chute de l'Acadie avant que la majorité des Acadiens signent le serment d'allégeance, C'est-à-dire les habitants de la région de Port-Royal, du bassin des Mines et de la baie française. Les habitants de la côte est

49. Placide Gaudet, « Copie du serment de fidélité (1727) », *Rapport concernant les archives canadiennes (RAC) pour l'année 1905*, vol. II, Ottawa, Archives publiques de Canada, 1906, appendice A, 3e partie, app N, p. 362.

furent épargnés (Tebok *(Chebogue)*, Pobomcoup de Cap-Sable, Ministigouesh, Mirligouesh, La Hève et Chezzetcook). Ce serment d'allégeance assurait la neutralité des Acadiens en cas de conflit armé entre l'Angleterre et la France, d'où le surnom attribué aux Acadiens : *French Neutrals*.

> [Ainsi,] les Acadiens se croyaient installés définitivement en Nouvelle-Écosse, s'identifiant à leurs terres et se consacrant à l'évolution de leur propre mode de vie[50].

Voici le serment d'allégeance signé en 1730 :

> **Serment d'allégeance prêté et signé par les Acadiens des districts des Mines, Cobequit, Piziguid et Beaubassin, en avril 1730**
>
> Annexe d'une lettre de Philipps, du 2 septembre 1730
>
> Nous Promettons et Jurons sincèrement en Foi de Chrétien que Nous serons entièrement Fidelles & Nous Soumettrons Véritablement à Sa Majesté George Le Second Roy de La Grande Bretagne, que nous reconnaissons pour Le Souverain Seigneur de La Nouvelle-Écosse et L'Accadie.
>
> Ainsi Dieu soit en Aide[51].
>
> [...]
>
> Nous, Charles de la Goudalie, prêtre, curé, missionnaire de la paroisse des Mines, Grand-Pré et la Rivière-aux-Canards, et Noël-Alexandre Noinville, prêtre, bachelier de la Sacrée Faculté des Théologie de Sorbonne, missionnaire apostolique et curé de l'Assomption et de la Sainte-Famille de Pisiguit, certifions à qui il appartiendra, que Son Excellence le seigneur Richard Philipps, Écuyer, capitaine en chef

---

50. Naomi E.S. Griffiths, *L'Acadie de 1686 à 1784. Contexte d'une histoire*, Moncton, Éditions d'Acadie, 1997, p. 47.
51. Placide Gaudet, « Serment d'allégeance prêté et signé par les Acadiens des districts des Mines, Cobequit, Piziguid et Beaubassin, en avril 1730. Annexe d'une lettre de Philipps, du 2 septembre 1730 », *Rapport concernant les archives canadiennes (RAC) pour l'année 1905*, vol. II, Ottawa, Archives publiques de Canada, 1906, appendice A, 3e partie, app. D, p. 134.

et Gouverneur général de la Province de Sa Majesté, la Nouvelle-Écosse, en Acadie, a promis aux Habitants des Mines et autres rivières qui en dépendent, qu'il les exempte du fait des armes et de la guerre contre les Français et les Sauvages, et que lesdits Habitants se sont engagés uniquement et ont promis de ne jamais prendre les armes dans le fait de guerre contre le Royaume d'Angleterre et son gouvernement. Le présent certificat fait et donné et signé par nous ci-nommés le 25 avril 1730, pour être mis dans les mains des Habitants et leur valoir et servir partout où besoin sera ou que raison en est.

Signée : De La Goudalie, curé,
Noël Noinville (de Noiville),
prêtre et missionnaire.
Debourg Bellehumeur,
collationné le 25 avril[52].

Ce texte fut donné au capitaine Alexander Murray, le 11 septembre 1755, au fort Edward de Pisiguit.

Au cours des années 1730, le gouvernement d'Annapolis établit un cadastre des terres possédées par les Acadiens et considère le régime seigneurial français à tout jamais révolu[53].

Les Acadiens voyaient donc l'instauration de la tenure anglaise au détriment des droits et devoirs seigneuriaux. Les Acadiens s'adaptèrent à ce changement. La paix établit depuis plus d'une quinzaine d'années, les Acadiens vaquèrent à leur occupation quotidienne sans trop de tracas. Ils continuèrent de pratiquer la religion catholique qui était garantie par le traité d'Utrecht[54]. Durant ce temps de paix, on assista même à un boom démographique. En effet, en Nouvelle-Écosse, la

52. Serge Patrice Thibodeau, *Journal de John Winslow à Grand-Pré*, Moncton, Perce-Neige, 2010, p. 148-149.

53. Jean Daigle, *L'Acadie des Maritimes. Études thématiques des débuts à nos jours*, Moncton, Chaire d'études acadiennes, 1993, p. 31.

54. Nicolas Landry et Nicole Lang, *Histoire de l'Acadie*, Québec, Septentrion, 2001, p. 103.

Le serment d'allégence,
par Claude Picard, 1986 (Parcs Canada AS-HP-PICARD-0004).

population passa d'un peu moins de 3 000 personnes en 1714, à près de 13 000 personnes en 1749 (Statistique Canada[55]). En Acadie française (maintenant, le Nouveau-Brunswick), il y avait environ 1 000 habitants, soit 600 habitants dans le district de Gédaïc (Shédiac), 100 habitants sur les côtes du Golfe, 100 habitants dans la baie des Chaleurs et près de 200 habitants établis le long de la rivière Saint-Jean. De plus, il y avait près de 1 000 habitants dans la colonie de l'île Royale ainsi que 1 000 habitants dans la colonie de l'île Saint-Jean.

55. ——, « Les Acadiens (1752 à 1784) », *Statistique Canada* [En ligne], 22 octobre 2008, [http://www.statcan.gc.ca/pub/98-187-x/4064810-fra.htm] (Consulté le 13 mars 2013).

L'Acadie perdue

En 1744, la succession d'Autriche raviva les tensions entre la France et l'Angleterre. Les Français profitèrent de l'instabilité politique pour essayer de reprendre l'Acadie qui était stratégiquement située pour protéger la Nouvelle-France. Il y eut plusieurs tentatives, mais en vain...

> La réaction des Acadiens durant la guerre de la Succession d'Autriche déjoue tous les pronostics. La population française de la Nouvelle-Écosse considère qu'elle a obtenu un statut légal en 1730 en prêtant un serment avec réserve : pour être conséquent avec l'engagement pris, la neutralité s'impose. Même si certains Acadiens[56] collaborent avec les Français, la très grande majorité reste neutre.

Ces collaborateurs furent entre autres Joseph LeBlanc dit Le Maigre, Joseph Dugas, Amand Bugeau, ainsi que Joseph-Nicolas Gauthier.

Après 45 jours de combat, Louisbourg se vit dans l'obligation de capituler le 21 juin 1745. Il y avait trop peu de militaires et de miliciens français pour défendre un si grand territoire, à comparer aux Anglo-Américains qui étaient en supériorité numérique. Le 3 juillet 1745, la population de l'île Royale fut déportée à Brest, en Bretagne, France.

> Vers 1746, l'Acadie anglaise compte, pour environ 10 000 Européens et 1 000 Amérindiens, six missionnaires dont trois sont hors d'état de servir. Plusieurs paroisses sont privées de prêtres. Les habitants des côtes sont desservis une fois par année[57].

---

56. « À l'exception d'une vingtaine, tant de Port-Royal que des Mines – c'est le chiffre que nous donna Mascarène – ils restèrent tous fidèles au serment qu'ils avaient prêté à Annapolis en 1729 et en 1730, en les autres districts de l'Acadie. C'est [Paul] Mascarène lui-même qui confirme cette assertion. » Placide GAUDET, *Le Grand Dérangement. Sur qui retombe la responsabilité de l'Expulsion des Acadiens*, Ottawa, Ottawa Printing Compagny, 1922, p. 44-45.
57. Michel ROY, *L'Acadie des origines à nos jours. Essai de synthèse historique*, Montréal, Québec/Amérique, 1981, p. 115.

Après la chute de Louisbourg, les Acadiens restés en Acadie anglaise commencèrent à craindre d'être expulsés de leur terre... Malgré la victoire des troupes françaises de Ramezay contre l'armée britannique installée aux Mines, en janvier 1747, les Acadiens étaient restés neutres lors des divers combats. Pour apaiser les inquiétudes des Acadiens neutres, William Shirley, gouverneur du Massachusetts, publia une proclamation le 21 octobre 1747. En voici un extrait :

> En vertu de quoi et en exécution des ordres de Sa Majesté, je déclare par les présentes, au nom de Sa Majesté, qu'il n'y a pas le moindre fondement d'appréhension concernant l'intention qu'aurait Sa Majesté d'éloigner lesdits habitants, de la Nouvelle-Écosse de leursdits établissements dans ladite province. Mais que c'est au contraire la résolution de Sa Majesté de protéger et de maintenir tous ceux d'entre eux qui sont et seront fidèles à leur devoir et à leur allégeance envers lui, dans la paisible et tranquille possession de leurs habitations et établissements, et dans la jouissance de leurs droits et privilèges, en tant que sujets[58].

La colonisation anglaise

En 1748, lors de la signature du traité de paix d'Aix-la-Chapelle, l'Angleterre redonna l'île Royale à la France, mais pas l'Acadie... Après la guerre de succession d'Autriche, les Anglo-Américains se mirent davantage à craindre qu'un jour les Acadiens se révolteraient contre eux... En juin 1749, on fit venir 2 576 personnes d'Angleterre, d'Irlande et de Hanovre (Allemagne), permettant de coloniser Chibouctou qu'on nommait dorénavant Halifax. Un mois plus tard, la capitale fut déplacée d'Annapolis Royal (anciennement Port-Royal) à Halifax. Le nouveau gouverneur, Edward Cornwallis, interdit l'autorité épiscopale de l'évêque de Québec en Nouvelle-Écosse. Le gouverneur Cornwallis offrit une concession de terre aux Acadiens

58. Bona Arsenault, *Histoire des Acadiens*, Québec [Saint-Laurent], 1994, p. 149.

qui acceptaient de changer de religion, c'est-à-dire devenir protestants. Il incitait également les Acadiens à épouser des sujets protestants. Il ordonna aussi aux Acadiens de prêter un serment d'allégeance, et ce, sans condition. Des délégués acadiens se rendirent à Halifax pour rappeler les conditions du serment d'allégeance signé en 1730 ainsi que pour rappeler la proclamation faite par Shirley en 1747[59]. Cornwallis déclara le tout illégal. Il était déterminé à ce que la Nouvelle-Écosse soit colonisée par des sujets britanniques... Entre-temps, le gouverneur du Canada et l'abbé Jean-Louis Le Loutre encourageaient les Amérindiens à attaquer les colons anglais d'Halifax. Plusieurs furent massacrés. Des scalps anglais étaient même fièrement rapportés[60]. Certains Acadiens firent également quelques raids contre les établissements anglais. Les forts Beauséjour et Gaspareau furent construits aux frontières de l'Acadie française (du Nouveau-Brunswick actuel).

Des Acadiens commencent à s'exiler

Les événements de 1749, c'est-à-dire l'arrivée massive de colons anglais ainsi que le transfert de la capitale à Halifax, poussèrent les Acadiens à émigrer en territoire français, notamment à l'île Saint-Jean (Île-du-Prince-Édouard actuelle), à l'île Royale (Cap-Breton actuel) ainsi qu'au sud-est de l'Acadie française (Nouveau-Brunswick actuel). Les Acadiens répondaient ainsi à l'invitation de l'abbé Jean-Louis Le Loutre et de l'abbé Pierre Maillard. Pour les inciter à déménager sur l'île Saint-Jean, on offrait le transport gratuitement aux Acadiens. Pour émigrer,

59. « Nul doute qu'au milieu du XVIIIe siècle les Acadiens se considéraient comme un peuple. Par ailleurs, ils estimaient que ce statut leur conférait des droits politiques précis. » Naomi E.S. Griffiths, *L'Acadie de 1686 à 1784. Contexte d'une histoire*, Moncton, Éditions d'Acadie, 1997, p. 72.

60. « Les Sauvages des frontières harcellent toujours les Anglais ; ils ont apporté au fort de Beauséjour 18 chevelures anglaises que monsieur Le Loutre a été obligé de leur payer 1800 livres. » Lettre de Monsieur Prévost au ministre, Louisbourg, 16 août 1753. Archives nationales d'outre-mer (ANOM, France), COL C11B 33/fol.197-201.

les Acadiens empruntaient les passages de Tatamagouche, de Cocagne et de Baie-Verte. Sur l'île Saint-Jean, on favorisait l'agriculture afin que les récoltes fournissent la nourriture aux habitants de l'île Royale qui était davantage rocailleuse. En mai 1750, les soldats du colonel Charles Lawrence attaquèrent le village de Beaubassin. Ce qui intensifia le mouvement migratoire des Acadiens en territoire français. Peu de temps après l'attaque des Anglais, à la demande de l'abbé Le Loutre, les Mi'kmaqs incendièrent le village de Beaubassin pour forcer les habitants à s'installer près du fort Beauséjour. À l'automne, les Britanniques y construisirent le fort Lawrence[61] sur les ruines de l'église, ainsi que le fort Edward[62] sur les ruines de l'église L'Assomption de Pisiguit[63]. De plus, les Britanniques construisirent une nouvelle route reliant Pisiguit à Halifax.

> Ces mesures visaient à faire comprendre aux Acadiens que désormais les Anglais étaient les maîtres incontestés de la colonie[64].

De son côté, le gouverneur du Canada, le marquis de la Jonquière, ordonna aux Acadiens réfugiés en territoire français « de prêter serment de fidélité au roi de France et de s'engager dans la milice canadienne, sans quoi ils seraient considérés comme des rebelles[65] », et ce, le 12 avril 1751. Les Acadiens réfugiés vivaient dans une extrême pauvreté. Pour survivre, ils

---

61. Nommé ainsi en l'honneur du commandant Charles Lawrence.
62. Nommé ainsi en l'honneur du gouverneur Edward Cornwallis.
63. Le 7 juin 1750 : « *The French pulled down the mass house and levelled our block house and laid out ground for a fort.* » (Les Acadiens ont démoli l'église ainsi que le blockhaus pour niveler le terrain en vue de la construction du fort.) relate Joshua Winslow dans son journal. John Clarence WEBSTER, *The journal of Joshua Winslow, recording his participation in the events of the year 1750 memorable in the history of Nova Scotia*, Saint John, N.-B., Publications of the New Brunswick museum. Historical studies, nº 2, 1936, p. 16.
64. Naomi E.S. GRIFFITHS, *L'Acadie de 1686 à 1784. Contexte d'une histoire*, Moncton, Éditions d'Acadie, 1997, p. 76.
65. Bona ARSENAULT, *Histoire des Acadiens*, Québec [Saint-Laurent], 1994, p. 163.

recevaient des subsides de Québec ou de Louisbourg, c'est-à-dire une ration de « 2 livres de pain ; ½ livre de viande fraîche, au défaut en lard, ou bœuf salé, en un coup d'eau-de-vie le matin[66] ».

Les dates à retenir

1713 (11 avril) :

Traité d'Utrecht mit fin à la guerre et la Nouvelle-Écosse (l'Acadie) ainsi que Terre-Neuve passèrent définitivement à l'Angleterre. Seules l'île Royale (Cap-Breton) et l'île Saint-Jean (Île-du-Prince-Édouard) restèrent possessions françaises. À partir de ce moment-là, ces îles connurent une immigration de la part des Acadiens qui voulaient rester fidèles au roi de France.

1714 :

Permission aux Acadiens de quitter la Nouvelle-Écosse (Acadie).

1715 :

Signature du premier serment d'allégeance des Acadiens.

1720 :

Construction de la forteresse de Louisbourg, île Royale, ainsi que de Port-la-Joye, île Saint-Jean.

1745 :

Prise de Louisbourg par les Anglais, donc de l'île Royale (île du Cap-Breton).

1747 :

Proclamation de William Shirley : les Acadiens, qui respectaient leur allégeance au roi d'Angleterre, garderaient leurs propriétés.

1748 (18 octobre) :

Le Traité d'Aix-la-Chapelle rendit l'île Royale à la France. Malgré la paix, les Anglais commirent des agressions constantes.

1749 :

Fondation d'Halifax (sur Chibouctou), la nouvelle capitale anglaise.

1753 :

Fondation de Lunenburg (sur Mirligouesh)

---

66. Jean DAIGLE, *L'Acadie des Maritimes. Études thématiques des débuts à nos jours*, Moncton, Chaire d'études acadiennes, 1993, p. 37.

En résumé

L'histoire de l'Acadie se résume en quelques mots : l'appropriation d'un territoire. Après avoir découvert l'existence du continent américain, certaines puissances européennes voulaient élargir leur royaume. C'est ainsi que les Amérindiens purent voir des découvreurs prendre possession du territoire qu'ils habitaient au nom d'un roi européen.

> Un aspect des tensions entre l'Europe et l'Amérique se dégage clairement de la question des frontières de « l'Acadie ou la Nouvelle-Écosse », problème qui amènera les Acadiens à adopter une position de neutralité. La situation fut influencée autant par l'ambition des hommes d'état européen que par la géographie nord-américaine. [...] Les politiques anglaises et françaises relatives à « l'Acadie ou la Nouvelle-Écosse » furent largement déterminées par des ambitions visant des territoires inconnus, et qui n'avaient que peu de rapport avec les colonies européennes existantes en Amérique du Nord. Qui plus est, comme le double nom le démontre, c'était à la fois la délimitation et l'appartenance du territoire acadien qui donnèrent lieu à des contestations[67].

67. Naomi E.S. Griffiths, *L'Acadie de 1686 à 1784. Contexte d'une histoire* (traduction de Kathryn Hamer), Moncton, Éditions d'Acadie, 1997, p. 4.

Voici un tableau récapitulatif des puissances européennes qui prirent possession du territoire nommé l'Acadie et parfois même la Nouvelle-Écosse, ainsi que la durée de leur possession :

Puissance	Années	Durée
France	1604 à 1620	16 ans
Angleterre	1620 à 1632	12 ans
France	1632 à 1654	22 ans
Angleterre	1654 à 1667	13 ans
France	1667 à 1690	23 ans
Angleterre	1690 à 1697	7 ans
France	1697 à 1710	13 ans
Angleterre	1710 à 1713	3 ans

Le traité d'Utrecht signé entre la France et l'Angleterre, le 11 avril 1713, confirmait que la France abandonnait définitivement le territoire nommé Acadie. Ainsi, l'Acadie devint officiellement possession anglaise et prit définitivement le nom de Nouvelle-Écosse.

Pendant 109 ans, la France et l'Angleterre se disputèrent sur la question de la possession du territoire acadien. La France l'a possédée pendant 74 ans et l'Angleterre, pendant 35 ans. Malgré toutes ces disputes territoriales, les Acadiens furent tout en leur pouvoir pour demeurer sur les terres qu'ils avaient endiguées, où ils s'étaient acclimatés pour offrir une terre à leurs descendants. Malgré leur neutralité, les Acadiens subirent par la suite une série de déportations s'étendant de 1755 à 1762. Cette tentative de génocide s'est avérée un échec puisque le peuple acadien est toujours bien vivant…

Le paradis terrestre,
par Claude Picard, 1986 (Parcs Canada AS-HP-PICARD-0005).

Deuxième partie

Les déportations des Acadiens

Cette présente partie met en lumière les événements entourant la Déportation des Acadiens. Quelques témoignages ont été choisis judicieusement, afin d'illustrer les épreuves subies par les déportés acadiens. Certains de ces témoignages ne sont pas faciles à lire. De plus, cette partie présente la perception de l'évêque du diocèse de Québec concernant la déportation des Acadiens de la Nouvelle-Écosse en 1755. Comme l'indique le titre de cette partie, il nous semble opportun de parler de « déportations » au pluriel, car malheureusement, les ancêtres acadiens vécurent plusieurs vagues de déportations. En effet, après la chute de Louisbourg, les Acadiens réfugiés à l'île Royale et à l'île Saint-Jean furent déportés en France et en Angleterre. Puis, la chasse aux Acadiens se poursuivit jusqu'à l'été 1762, lorsque les Britanniques déportèrent les Acadiens emprisonnés en Nouvelle-Écosse. Le traité de Paris signé le 10 février 1763 mit fin à tout ce chaos.

Chapitre 4

Préparation de la déportation de la Nouvelle-Écosse

Les événements précurseurs

La succession des événements ayant mené à la Déportation des Acadiens commença avec l'arrivée du nouveau gouverneur de la Nouvelle-Écosse, Edward Cornwallis, le 21 juin 1749. Ce dernier instaura une politique de colonisation anglaise dans le but de *britanniser* la colonie qui avait encore trop de coutumes françaises… Il demanda aux Acadiens de prêter un serment d'allégeance sans condition, mais les Acadiens refusèrent en exposant les garanties reçues de la part de William Shirley, gouverneur du Massachusetts, deux ans auparavant. De plus, Cornwallis fit transférer le siège du gouvernement colonial à Chibouctou, qui fut rebaptisé Halifax, et y fit construire une citadelle afin de protéger les acquis de l'Angleterre et de rivaliser avec la forteresse de Louisbourg, située à l'île Royale (Cap-Breton). La nouvelle capitale Halifax accueillit 2 576 colons britanniques, et ce, dès sa fondation en 1749. C'est sous l'influence de l'abbé Jean-Louis Le Loutre[68], missionnaire auprès des Mi'kmaqs, que les Autochtones déclarèrent la guerre au

68. « comme on ne peut s'opposer ouvertement aux entreprises des anglois, je pense qu'on ne peut mieux faire que d'exciter les Sauvages à continuer de faire la guerre aux anglois, mon dessein est d'engager les Sauvages de faire dire aux anglois qu'ils ne souffriront pas que l'on fasse de nouveaux établissemens dans l'Acadie […] je feray mon possible de faire paraître aux anglois que ce dessein vient des Sauvages et que je n'y suis pour rien. » Gérard Finn, « Le Loutre, Jean-Louis », *Dictionnaire biographique du Canada* [En ligne], 2000, [http://www.biographi.ca/009004-119.01-f.php?id_nbr=2022] (Consulté le 13 mars 2013).

nouveau gouverneur, « six jours avant la Saint-Michel[69] ». Les combats armés reprirent de plus belle avec les troupes de Charles Lawrence, lieutenant-gouverneur de la Nouvelle-Écosse. Ce dernier, assisté par William Shirley, gouverneur du Massachusetts, établit un plan pour mettre un terme à la présence française dans la région de l'isthme de Chignectou et de la rivière Saint-Jean (l'Acadie française), en 1754. « Persuadés enfin de l'imminence d'une déportation, certains délégués des Mines offrirent leur serment inconditionnel le 4 juillet 1754. Cependant, ils essuyèrent le refus de Lawrence et du Conseil, car « on ne pouvait espérer que leur accord soit sincère ; au contraire, il n'était que le résultat de nos exigences et menaces[70] ». Puis, l'abbé Henri Daudin, curé d'Annapolis Royal, fut emprisonné en octobre 1754. Tous ces événements créèrent un sentiment d'instabilité chez les Acadiens qui demeuraient encore en Nouvelle-Écosse. Il est important de comprendre qu'à l'époque, les prêtres étaient des figures d'autorités morales et religieuses. À partir de 1749, plusieurs commencèrent à quitter et à abandonner leur hameau, par exemple celui des Trahan à Pisiguit (renommé Five Houses par les Anglais) et celui de la Prée des Briard à Cobequid.

Les derniers signes avant-coureurs

En mai 1755, Charles Lawrence confisqua les armes et les petits bateaux appartenant aux Acadiens d'Annapolis Royal et de Grand-Pré. Lawrence était déterminé à soumettre les Acadiens à son autorité. S'ils refusaient de prêter le serment

69. Serge Patrice Thibodeau, *Journal de John Winslow à Grand-Pré*, Moncton, Perce-Neige, 2010, p. 282. La Saint-Michel est fêtée le 29 septembre. Dom Robert Le Gall, « Le 29 septembre et le 2 octobre : fête des anges », *Portail de la Liturgie Catholique édité par le Service National de la Pastorale Liturgique et Sacramentelle (SNPLS) de la Conférence des évêques de France* [En ligne], 2007, [http://www.liturgiecatholique.fr/Le-29-septembre-et-le-2-octobre.html] (Consulté le 13 mars 2013).

70. Naomi E.S. Griffiths, *L'Acadie de 1686 à 1784. Contexte d'une histoire*, Moncton, Éditions d'Acadie, 1997, p. 85.

d'allégeance sans condition, ils étaient chassés de la Nouvelle-Écosse. Puis, le 4 avril 1754, les autorités anglaises étaient arrivées à la conclusion que « les Acadiens n'ont aucun droit sur leurs propriétés, à moins qu'ils ne prêtent un serment d'allégeance absolue, sans aucune réserve[71]. » Quelque temps après, les Anglo-américains attaquèrent les forts Beauséjour et Gaspareau, qui capitulèrent respectivement les 16 et 17 juin 1755. Ces derniers voulaient prendre le contrôle de la région et surtout empêcher les Acadiens de s'enfuir vers les territoires français.

Dans une lettre de Charles Lawrence adressée au lieutenant-colonel Robert Monckton, datée du 30 janvier 1755, on y apprend que Lawrence...

> [N]e veut pas que Monckton fasse prêter le serment d'allégeance aux Acadiens du district de l'isthme de Chignectou [région des forts Beauséjour et Gaspareau] parce que cela lui lierait les mains et l'empêcherait de les expulser[72].

Le 16 juillet 1755, les Acadiens d'Annapolis Royal se réunirent pour discuter du serment d'allégeance. Les habitants des Mines le firent le 22 juillet. Voici ce qu'ils écrivirent à Charles Lawrence :

> Nous et nos pères, ayant pris pour eux et pour nous un serment de fidélité qui nous a été approuvé plusieurs fois, au nom du Roy, notamment par le gouverneur Richard Philipps en 1730, et sous les privilèges duquel nous sommes demeurés fidèles et soumis à Sa Majesté Britannique et avons été protégés, suivant les lettres et proclamation du gouverneur Shirley, en date du 16 septembre 1746 et du 21 octobre 1747, nous ne commettrons jamais l'inconstance de prendre un serment qui change tant soit peu les conditions et privilèges

71. Bona Arsenault, *Histoire des Acadiens*, Québec [Saint-Laurent], 1994, p. 171.

72. Placide Gaudet, *Le Grand Dérangement. Sur qui retombe la responsabilité de l'Expulsion des Acadiens*, Ottawa, Ottawa Printing Compagny, 1922, p. 9.

> dans lesquels nos Souverains et nos pères nous ont placés dans le passé[73]...

Le 28 juillet 1755, le juge-en-chef de la Nouvelle-Écosse, Jonathan Belcher, publia un mémoire concernant les Acadiens, qu'il considérait « comme des rebelles », où il déclarait :

> [N]ous ne devons pas permettre aux habitants français de prêter le serment ni les tolérer dans la province[74].

Le 31 juillet 1755, Charles Lawrence écrivit au colonel Robert Monckton, pour indiquer ses recommandations concernant la Déportation des Acadiens. Voici un extrait de sa dépêche :

> Vous les détiendrez ensuite jusqu'à l'arrivée des transports, afin qu'ils soient prêts pour l'embarquement. Une fois les hommes détenus, il n'est pas à craindre que les femmes et les enfants s'enfuient avec les bestiaux. Toutefois, il serait très prudent, pour prévenir leur fuite, non seulement de vous emparer de leurs chaloupes, de leurs bateaux, de leurs canots et de tous les autres vaisseaux qui vous tomberont sous la main, mais, en même temps, de charger des détachements de surveiller les villages et les routes[75].

Puis, l'abbé Henri Daudin, curé d'Annapolis Royal, fut arrêté à nouveau le 6 août 1755, dans son église, pendant qu'il célébrait une eucharistie. Le 4 août, l'abbé Claude Jean-Baptiste Chauvreulx, curé de Grand-Pré et de Pisiguit, fut arrêté par les troupes britanniques. L'abbé LeMaire, curé de la Rivière-aux-Canards, fut arrêté à son tour le 10 août 1755. Ils furent emprisonnés au fort Edward, à Pisiguit, puis transférés à la prison d'Halifax. De là, ils furent déportés à Portsmouth, Angleterre. Ensuite, ils partirent en direction de la France,

---

73. Bona ARSENAULT, *Histoire des Acadiens*, Québec [Saint-Laurent], 1994, p. 170.
74. *Ibid.*, p. 173.
75. *Ibid.*, p. 178.

arrivant à Saint-Malo, le 8 décembre 1755. De son côté, l'abbé Jean-Louis Le Loutre fut emprisonné le 15 septembre 1755 et libéré après le traité de Paris, en 1763. Les autorités religieuses et morales des Acadiens de la Nouvelle-Écosse furent toutes emprisonnées, ainsi que les députés acadiens de Grand-Pré[76] ; il ne resta que quelques députés acadiens comme autorités locales. Malheureusement, le gouvernement de la Nouvelle-Écosse ne reconnaissait plus leur rôle et il était résolu à retirer de la colonie de la présence française.

L'exécution de la déportation

Le 10 août, les habitants de la région de Beaubassin furent arrêtés. Le 26 août, c'était au tour de Petitcoudiac d'être attaqué. Les habitants se défendirent ardemment et les soldats anglais se retirèrent[77]. C'est ainsi que les Acadiens de cette région évitèrent la Déportation en s'enfuyant vers l'Acadie française et vers l'île Saint-Jean. Le 19 août 1755, John Winslow prit l'église Saint-Charles-des-Mines de Grand-Pré et y établit sa base ; le presbytère devint sa résidence personnelle. Il demanda aux aînés de l'endroit de récupérer les objets sacrés afin d'éviter leur profanation. Deux jours plus tard, une palissade fut dressée ; la nouvelle forteresse ceinturait le cimetière et l'église, qui sert de quartiers généraux. Le 2 septembre 1755, John Winslow et Alexander Murray publièrent une note destinée aux hommes et aux garçons âgés de plus de dix ans ; ces derniers sont convoqués au nom du gouverneur Charles Lawrence, le vendredi 5 septembre à 15 heures, à l'église à Grand-Pré et au Fort Edward (construit sur les ruines de l'église l'Assomption de Pisiguit).

---

76. *Ibid.*, p. 167.

77. « L'épisode de la Déportation suscite de la résistance chez plusieurs, dont le maquisard Joseph Beausoleil Broussard qui lance, avec d'autres résistants, plusieurs attaques contre les forces anglaises dans la région de Beaubassin. » Jean Daigle, *L'Acadie des Maritimes. Études thématiques des débuts à nos jours*, Moncton, Chaire d'études acadiennes, 1993, p. 39.

En apprenant cette nouvelle, les habitants de Cobequid désertèrent leur village et se rendirent majoritairement à Pointe-Prime, île Saint-Jean. Le 5 septembre, à leur très grande surprise, les hommes de Grand-Pré et de Pisiguit furent faits prisonniers lorsqu'ils se rassemblèrent en réponse à ladite convocation. Quelques hommes choisis, accompagnés de soldats, eurent la lourde tâche d'aller aviser les femmes et les enfants de leur sort, à savoir qu'ils seraient déportés avec leur argent et biens meubles, que leurs terres, maisons et animaux étaient confisqués au nom du roi d'Angleterre. Contrairement aux autres Acadiens, ceux de la région d'Annapolis Royal n'ont pas été faits prisonniers. Lorsque les bateaux arrivèrent, les troupes du major John Handfield mirent le feu aux maisons de la région. Affamés, désemparés et dépourvus de tout, les Acadiens qui s'étaient cachés en forêt se livrèrent aux Anglais et furent déportés en Nouvelle-Angleterre. En brûlant leurs maisons, le gouvernement de la Nouvelle-Écosse s'assurait que les Acadiens ne puissent revenir s'y cacher après le départ des soldats. Dans la région du bassin des Mines, on procéda d'abord à l'embarquement des hommes et garçons âgés de plus de dix ans uniquement, et ce, par manque de bateaux. Ensuite, lorsqu'un nombre minimal et suffisant de bateaux furent arrivés, on procéda à l'embarquement des femmes, des enfants, des vieillards et des infirmes. Les premiers bateaux chargés d'Acadiens quittèrent la Nouvelle-Écosse le 13 octobre et l'opération d'épuration ethnique se poursuivit jusqu'au 20 décembre 1755, dans les régions centrales et densément peuplées de l'ancienne Acadie. L'opération s'étendit aux petits villages de la côte est en avril 1756. Au total, 7 323 personnes furent déportées de la Nouvelle-Écosse en 1755 et en 1756. (Voir le tableau de la page 70 à 72)

L'ordre de la Déportation, 1755,
par Claude Picard, 1986 (Parcs Canada AS-HP-PICARD-0002).

Un seul vaisseau fut dévié de sa trajectoire : le *Pembroke*. En effet, une révolte éclata à bord du navire, qui était parti d'Annapolis Royal, le 8 décembre 1755. Les Acadiens réussirent à détourner le *Pembroke* vers la rivière Saint-Jean, où ils arrivèrent le 8 février 1756. Il y avait à bord 36 familles du hameau du Cap, de la banlieue d'Annapolis Royal, soit 232 personnes. Vers 1757, le groupe des rescapés et survivants se sépara en trois : un groupe remonta la rivière Saint-Jean afin de trouver refuge à Kamouraska ; le second groupe trouva refuge au camp de l'Espérance à Miramichi ; et le troisième groupe se réfugia à Ristigouche et à Caraquet.

Chapitre 5

La déportation des Acadiens de la Nouvelle-Écosse, 1755-1756

La Déportation, selon les textes de l'époque

Une lettre fut envoyée à tous les gouverneurs de la Nouvelle-Angleterre afin d'annoncer la Déportation des Acadiens et l'arrivée de ces derniers dans leurs colonies respectives. Un article fut aussi publié dans les journaux de l'époque afin d'aviser la population locale également. En voici le contenu :

> **Lettre circulaire du gouverneur Lawrence aux gouverneurs sur le continent, le 11 août 1755**
>
> [I]l n'y a pas d'autre moyen praticable que de les [Acadiens] distribuer par groupes dans les colonies où ils pourront être utiles ; car le plus grand nombre de ces habitants sont forts et jouissent d'une excellente santé. Il leur sera ainsi bien difficile de se rassembler de nouveau et impossible de commettre des méfaits ; ils pourront par la suite rendre des services et avec le temps devenir de bons sujets [britanniques][78].

---

78. Placide Gaudet, « Lettre de Charles Lawrence à Arthur Dobbs, Halifax, 11 août 1755 », *Rapport concernant les archives canadiennes (RAC) pour l'année 1905*, vol. II, Ottawa, Archives publiques de Canada, 1906, appendice A, 3e partie, app. B, p. 71-72.

Dépêche paru dans *The New York Gazette* le 25 août 1755, dans *The Pennsylvania Gazette* le 4 septembre 1755 et dans *The Maryland Gazette*[79] le 11 septembre 1755.

Halifax, le 9 août 1755[80]. Nous formons actuellement le noble et grand projet de chasser les Français Neutres de cette province ; ils ont toujours été nos ennemis secrets et ont encouragé nos Sauvages à nous couper la gorge.

Si nous pouvons réussir à opérer cette expulsion, cet exploit sera le plus grand qu'aient accompli les Anglais en Amérique, car au dire de tous, dans la partie de la province que ces Français habitent, il y a les meilleures terres du monde. Nous pourrions ensuite mettre à leur place de bons fermiers anglais, et nous verrions bientôt une abondance de produits agricoles dans cette province[81].

Pour bien mesurer la teneur des événements et pour illustrer ce que vécurent les Acadiens lors de ce Grand Dérangement, voici quelques extraits des journaux de deux militaires qui furent postés dans la région du bassin des Mines, soit à Grand-Pré et à Pisiguit. Il s'agit ici du journal du lieutenant-colonel John Winslow ainsi que celui de l'officier Jeremiah Bancroft.

Journal de John Winslow

Grand-Pré, le 4 septembre 1755.

Une cour martiale sera tenue ce matin pour le procès de William Jackson du régiment du colonel Hopsons pour avoir enfreint les ordres, ayant passé toute la nuit en dehors du camp, et de Abishai Stetson de la compagnie du lieutenant-colonel John Winslow pour avoir emporté dans l'enceinte du camp une pelle à cheminée et une passoire appartenant aux Français, et qu'un rapport soit fait.

79 Guy Frégault, « La déportation des Acadiens », Revue d'Histoire de l'Amérique française, vol. VIII. nº 3, décembre 1954, p. 337.

80. *Ibid.*

81. Serge Patrice Thibodeau, *Journal de John Winslow à Grand-Pré*, Moncton, Perce-Neige, 2010, p. 97.

Président : le capitaine Nathan Adams ;
membres du tribunal : les lieutenants Mercer, Timothy Wheeler, William Peabody et l'officier Jeremiah Bancroft

La cour a rendu sa sentence comme quoi le prisonnier William Jackson est condamné à recevoir vingt coups de fouet des mains du tambour[82] avec un chat à neuf queues[83] et le prisonnier Abishai Stetson est condamné à trente coups de fouet de la même façon. Signé : Nathan Adams[84]

Journal de Jeremiah Bancroft

Le jeudi 4 septembre 1755. Deux hommes ont été fouettés, l'un de vingt coups de fouet pour avoir tenté de prendre une Française par la force [viol], l'autre de trente coups de fouet pour avoir volé quelque chose aux Français[85].

[...]

Le vendredi 5 septembre 1755, les Français [de Pisiguit] ont reçu l'ordre de se rendre auprès du commandant [Alexander Murray] dans le fort, afin de recevoir les nouveaux ordres, comme il était supposé. [...] ils furent détenus comme prisonniers. Par ses ordres, le commandant leur a expliqué qu'ils devaient être expulsés, que les terres et le bétail étaient confisqués au profit du roi d'Angleterre[86].

[...]

Le dimanche 7 septembre 1755, le lieutenant Crooker est de retour de Chignecto et nous informe que le major Fry était allé à Chipoudie pour brûler les villages et que l'ennemi était tombé sur une partie d'entre eux, et que l'ennemi avait tué

---

82. John Terril ou James Towsend.
83. Fouet à neuf lanières, garnies de pointes de fer, utilise autrefois dans l'armée et la marine anglaises.
84. Serge Patrice THIBODEAU, *Journal de John Winslow à Grand-Pré*, Moncton, Perce-Neige, 2010, p. 117.
85. *Ibid.*, p. 118.
86. Jonathan FOWLER et Earle LOCKERBY, « Operations at Fort Beauséjour and Grand-Pré in 1755: A Soldier's Diary », *Journal of the Royal Nova Scotia Historical Society*, vol. 12, 2009, p. 154-155.

et pris 23 de nos hommes dont l'un était lieutenant [Jacob] March[87].

Journal de John Winslow

Le 10 septembre 1755. Extrait racontant l'embarquement :

J'ai ensuite donné l'ordre à l'ensemble des troupes de fixer leurs baïonnettes au bout de leurs fusils et de s'avancer vers les Français. J'ai ordonné aux 4 files qui étaient à ma droite, consistant en 24 hommes que j'avais pensé en moi-même à séparer du reste, l'un desquels j'ai pris à partie (parce qu'il refusait de se mettre en marche) et à qui j'ai donné l'ordre de marcher. Il a obéi et le reste a suivi, bien que lentement, en priant, chantant et pleurant, et à la rencontre desquels se précipitaient les femmes et les enfants tout le long du parcours (qui est d'un mille et demi), se lamentant grandement à leur passage et priant à genoux, etc. [...] Le nombre d'hommes embarqués est donc de 230. Ainsi s'est terminée cette pénible tâche, laquelle était une scène de douleur. [...] J'ai ordonné à tous les bateaux qu'à marée haute, durant la journée, ils soient de service afin de recevoir ces victuailles apportées par les femmes et les enfants pour ceux-là qui se trouvent à bord de leurs vaisseaux respectifs, et que l'un des Français à bord prenne place dans un bateau pour les recueillir et voir à ce que les provisions soient distribuées à chaque personne à qui elles sont destinées, et de permettre aux Français d'aller visiter leurs amis à bord, autant que leurs bateaux peuvent en transporter[88].

Extrait de la lettre du lieutenant-colonel John Winslow au capitaine Jonathan Davis, commandant les Forces de Sa Majesté à bord de la goélette *Neptune*.

Camp de Grand-Pré, le 19 septembre 1755.

Je serais heureux qu'une enquête des plus rigoureuses soit menée auprès des personnes qui ont accompagné les

87. *Ibid.*
88. Serge Patrice Thibodeau, *Journal de John Winslow à Grand-Pré*, Moncton, Perce-Neige, 2010, p. 145-146.

On incendie leurs villages, 1755,
par Claude Picard, 1986 (Parcs Canada AS-HP-PICARD-0001).

Françaises sur le rivage[89], afin de déterminer ce qui s'est passé à la première heure du soir avant votre départ. L'une des femmes est maintenant entre les mains du docteur Miles Whitworth et sa vie est en danger[90].

Journal de Jeremiah Bancroft

Le samedi 27 septembre 1755, deux hommes français ont abattu deux soldats de détachement et ont quitté la garnison sans être aperçus[91].

---

89. Sur le rivage de Vieux-Logis – lieu d'embarquement des Acadiens de la région de Grand-Pré. *Ibid.*, p. 55.
90. Serge Patrice THIBODEAU, *Journal de John Winslow à Grand-Pré*, Moncton, Perce-Neige, 2010, p. 179.
91. Jonathan FOWLER et Earle LOCKERBY, « Operations at Fort Beauséjour and Grand-Pré in 1755: A Soldier's Diary », *Journal of the Royal Nova Scotia Historical Society*, vol. 12, 2009, p. 155.

Extrait de la lettre du colonel Robert Monckton au lieutenant-colonel John Winslow, écuyer.

Fort Cumberland, le 7 octobre 1755

Quelques nuits passées, 86 hommes Français se sont évadés du fort Lawrence après avoir creusé un tunnel sous la terre, de plus de trente pieds de long, de la caserne et passant à travers le rideau[92] sud. Pire encore, ce sont tous des gens dont les femmes ne se sont pas présentées au fort, et qui sont tous de Chipoudie, de Petitcodiac et de Memramcook[93].

Journal de John Winslow

Le 7 octobre 1755. Aujourd'hui, il a plu considérablement et nous n'avons pas commencé à embarquer les Habitants ainsi que proposé hier, et, en soirée, 24 jeunes Français se sont évadés des bateaux des capitaines Thomas Church et John Stone, malgré que huit hommes en assurassent la garde à bord de chaque vaisseau en plus de l'équipage, et aucun d'entre eux n'a pu rapporter comment cela s'est passé[94].

[...]

Le 8 octobre 1755. Nous avons commencé l'embarquement des Habitants qui sont partis, renfrognés, contre leur gré, les femmes se lamentant grandement et portant leurs enfants dans leurs bras, d'autres transportant leurs parents décrépits dans des charrettes avec leurs biens ménagers, se déplaçant dans une grande confusion, ce qui s'est avéré une scène de malheur et d'affliction [détresse].

Nous avons rempli les bateaux des capitaines Thomas Church et Nathaniel Milburry avec environ 80 familles, et aussi, j'ai enquêté le plus rigoureusement que j'ai pu au sujet de la manière dont ces jeunes hommes ont pu s'évader hier, et parmi toutes les circonstances, j'ai trouvé qu'un certain François Hébert était l'instigateur ou le complice de ce plan,

---

92. « Talus qui sépare deux champs étagés sur un versant. » ——, *Le petit Larousse* 2010, Paris, Larousse, 2009, p. 892.

93. Serge Patrice Thibodeau, *Journal de John Winslow à Grand-Pré*, Moncton, Perce-Neige, 2010, p. 247.

94. *Ibid.*, p. 227.

et qu'il était à bord du vaisseau du capitaine Thomas Church. Aujourd'hui, j'ai ordonné que ses effets soient débarqués à terre et transportés jusqu'à sa propre maison, et alors, en sa présence, nous avons mis le feu à sa maison et à sa grange, et j'ai avisé tous les Français qu'au cas où les jeunes hommes ne se rendraient pas d'eux-mêmes d'ici deux jours, j'allais servir à leurs amis le même traitement, et non seulement cela, que j'allais confisquer tous leurs biens ménagers, et que lorsque ces hommes tomberont entre les mains des Anglais, ils ne seront admis à aucun quartier, puisque l'ensemble des Français de ces districts me sont obligés du fait que j'ai permis à leurs nombreux amis de leur fournir des provisions à bord et de les visiter, contre la promesse qu'ils m'ont faite d'être responsables les uns des autres[95].

Journal de Jeremiah Bancroft

Le mercredi 8 octobre 1755, environ 12 hommes se sont enfuis des navires, ce qui a tellement insulté le colonel qu'il est allé mettre le feu à deux de leurs maisons. Il a dit que, s'ils ne revenaient pas rapidement, il allait brûler tous leurs effets. Le lendemain, un détachement a été dépêché pour rassembler les femmes et les enfants et les faire embarquer à bord de bateaux, ce que nous avons accompli sans grande difficulté, le jour suivant.

Le samedi 11 octobre 1755, l'officier Carr [James Par] et un détachement de 40 soldats sont partis à la Rivière-des-Habitants à la recherche de quelques Français, qui selon ce que nous avons entendu, s'apprêtaient à prendre la fuite. Quand ils sont arrivés au village, ils ont vu un Français monter sur son cheval et tenter de s'enfuir. Ils lui ont donné l'ordre de s'arrêter, mais il a doublé le pas. Ils ont tiré dessus, lui infligeant une blessure si grave qu'il est décédé en quelques minutes. Il [l'officier Par] est rentré le jour suivant, ayant capturé cinq Français[96].

---

95. *Ibid.*, p. 231.
96. Jonathan FOWLER et Earle LOCKERBY, « Operations at Fort Beauséjour and Grand-Pré in 1755: A Soldier's Diary », *Journal of the Royal Nova Scotia Historical Society*, vol. 12, 2009, p. 155.

Journal de John Winslow

Camp de Grand-Pré, le 13 octobre 1755. Attendu que des plaintes me sont parvenues de la part des Français[97] comme quoi ils ont été grandement maltraités, tant par les matelots que par les gens qui sont venus chercher du bétail, etc[98].

[...]

Le 13 octobre 1755. Ce soir, 22 hommes représentant le reste des 24 évadés se sont présentés et sont montés d'eux-mêmes à bord des navires de transport, auxquels j'ai prêté attention. L'autre, selon les meilleurs rapports des Français, est mort hier avec son camarade[99].

Journal de Jeremiah Bancroft

Le jeudi 14 octobre 1755, je suis parti avec un détachement de 30 hommes à la recherche de ceux qui s'éparpillaient et pour ordonner aux femmes de monter leurs effets à bord du navire. Je suis revenu avec un prisonnier qui a été embarqué avec les autres.

Le 19 décembre 1755, un détachement de soldats provenant d'Annapolis nous a raconté que le caporal Pollard, de la compagnie du capitaine Hobbses, avait capturé trois Français, qui semblaient être des hommes honnêtes et qu'il n'a pas menottés. Cependant, en se rendant à Annapolis, le capitaine n'ayant qu'un seul homme avec lui, les Français se sont jetés sur eux et leur ont arraché leurs armes. Le caporal Pollard a été atteint d'une balle à l'épaule et les Français ont pris ensuite la fuite[100].

---

97. Commentaire de l'auteur : Les hommes sont depuis le 8 octobre emprisonnés dans les cales des bateaux. Dans les maisons, il ne reste que les femmes, les enfants et les personnes âgées. Ce sont aussi les femmes qui apportent la nourriture à leurs hommes dans les bateaux... Alors, les Anglais ont tout le loisir d'achaler, d'attoucher, les femmes.

98. Serge Patrice Thibodeau, *Journal de John Winslow à Grand-Pré*, Moncton, Perce-Neige, 2010, p. 238.

99. *Ibid.*, p. 240.

100. Jonathan Fowler et Earle Lockerby, « Operations at Fort Beauséjour and Grand-Pré in 1755: A Soldier's Diary », *Journal of the Royal Nova Scotia Historical Society*, vol. 12, 2009, p. 155-156.

C'est dans un grand désarroi que les Acadiens vécurent la Déportation. Ces extraits démontrent qu'ils furent maltraités, certains furent tués et des femmes furent violées. Que dire aussi du sentiment de désespoir suite à la perte de tous leurs biens, à la vue des soldats brûlant leur demeure, et des colons britanniques s'appropriant leurs animaux de ferme. Ne pas savoir où ils seront envoyés, et s'ils allaient un jour revoir leur famille, leur parenté et leurs amis. Le néant! Dès lors, on peut comprendre le sentiment de révolte ainsi que l'instinct de survie qui habitaient chacun d'eux.

À qui la faute?

Dans une lettre adressée à Thomas Robinson, secrétaire d'État, datée du 30 novembre 1755, Charles Lawrence révéla que son Conseil et lui étaient passés à l'action :

> nous avons alors jugé qu'il était grand temps d'agir – tant pour l'honneur de Sa Majesté que pour la conservation de cette province – nous avons jugé, dis-je, qu'il était grand temps que tous les habitants français, ceux qui n'avaient pas abandonné leurs terres comme ceux qui les avaient abandonnées, fussent embarqués sur des transports, mis hors de la province et dispersés dans les colonies avoisinantes. La plus grande partie est déjà expédiée et je me flatte qu'à l'heure qu'il est il n'en reste plus[101].

Dans une lettre adressée à George Montagu Dunk, comte d'Halifax et président des lords commissaires du Commerce et des Colonies (*Board of Trade*), datée du 9 décembre 1755, Charles Lawrence reconnut que s'il lui avait fallu demander à une assemblée législative l'autorisation de procéder à la déportation des Acadiens, celle-ci n'aurait jamais eu lieu :

---

101. Placide Gaudet, *Le Grand Dérangement. Sur qui retombe la responsabilité de l'Expulsion des Acadiens*, Ottawa, Ottawa Printing Compagny, 1922, p. 19.

> Je suis moralement convaincu, milord, que si, il y a douze mois passés, une assemblée eût été convoquée – supposons la chose praticable – rien de ce qui a été accompli dans cet espace de temps n'eût pu être entrepris, et la province, si elle n'était pas actuellement entre les mains des Français, elle leur serait au moins une proie bien plus facile, ou je me trompe grandement. Si, en cette circonstance ou en toute autre occasion, j'ai négligé de soumettre à Votre Seigneurie ou au bureau des lords commissaires les affaires sur lesquelles j'aurais dû écrire ou donner des explications, c'est que la multiplicité des affaires graves que j'avais à régler justifierait ces omissions dans une certaine mesure et servirait à déterminer Votre Seigneurie à me continuer votre bienveillance pour tout ce qui a été fait jusqu'ici et pour tout ce que j'entreprendrai, à l'avenir, tant que j'aurai l'honneur d'occuper les importantes fonctions qui m'ont été confiées[102].

Charles Lawrence ne fut pas blâmé pour la Déportation immonde des Acadiens ; il fut félicité en étant promu au rang de « capitaine général et gouverneur en chef de la Nouvelle-Écosse, le 7 janvier 1756 ». Dans une lettre des lords commissaires du Commerce et des Colonies adressée à Charles Lawrence, datée du 26 mars 1756, on apprend que la Couronne britannique aurait approuvé la Déportation des Acadiens (selon les lords commissaires) :

> Nous avons communiqué au secrétaire d'État la partie de votre dépêche qui a trait à l'enlèvement des habitants français, et aux moyens mis en œuvre pour l'exécution de cette décision. Puisque vous affirmez que cette opération était indispensable pour assurer la tranquillité et la défense de la province dans la situation critique de nos affaires, nous ne doutons pas que Sa Majesté approuve la conduite que vous avez suivie[103].

---

102. Placide GAUDET, *Le Grand Dérangement. Sur qui retombe la responsabilité de l'Expulsion des Acadiens*, Ottawa, Ottawa Printing Compagny, 1922, p. 22.

103. *Ibid.*, p. 46.

Moins de deux mois après la déportation des Acadiens de la Nouvelle-Écosse, soit le 15 février 1756, l'évêque de la Nouvelle-France, Mgr Henri-Marie Dubreil de Pontbriand, exhorte ses fidèles à la prudence, citant l'exemple de ce qui s'était passé en Acadie. Les nouvelles de l'ancienne colonie française font craindre le pire aux habitants de la colonie canadienne. Seront-ils victimes, soit déportés à leur tour s'ils perdent la guerre ?

Mandement

Pour des prières publiques – dispersion des Acadiens

Nous Henri-Marie Dubreil de Pontbriand,

par la miséricorde de Dieu et la grâce du Saint-Siège Apostolique,

Evêque de Québec, Conseiller du Roi en tous ses Conseils, etc.

Aux Fidèles de notre Diocèse, Salut et Bénédiction en Notre Seigneur Jésus Christ.

La guerre, que vous avez soutenue jusqu'à présent, Nos Très Chers Frères, avec tant de courage, va encore selon les apparences continuer pendant cette année, et peut-être avec plus de vivacité que jamais. Nos ennemis enflés des succès qu'ils ont eus au bas de la rivière, et irrités de nos victoires remportées dans le haut de cette colonie, font de nouveaux préparatifs et semblent nous menacer de toutes parts. La conduite qu'ils tiennent à l'égard des peuples de l'Acadie, nous annonce ce que nous devrions craindre, s'ils étaient victorieux. Les Acadiens, sur le sort desquels nous ne pouvons assez nous attrister, ont été tout à coup désarmés et appelés sur des prétextes spécieux dans différents forts ; ils y viennent avec confiance, et à peine y sont-ils arrivés qu'à l'instant ils y sont arrêtés, emprisonnés et de là transportés dans des pays éloignés et étrangers. Les femmes éplorées se retirent avec leurs enfants dans les bois, exposées à l'injure des temps, et aux suites funestes d'une disette presque générale, sans secours et sans soutien, maux qu'elles préfèrent au danger de perdre leur foi. Cependant l'ennemi en enlève un certain nombre ; pour intimider les autres, il menace de mettre les maris en une espèce d'esclavage ; quelques-unes effrayées de cette menace se rendent au lieu de l'embarquement ; le plus grand nombre dépourvu de tout se réfugie sur nos terres ; les villages sont brûlés, les églises ont le même sort, on n'épargne que celles qui doivent servir de prison à ceux qu'on n'a pu embarquer ; les pasteurs sont saisis avec violence et renvoyés pour toujours.

Telle est, Nos Très Chers Frères, la triste situation de l'Acadie, quoique les traités les plus solennels et les conventions faites tout récemment, lors de l'évacuation du fort de Beauséjour, semblassent lui en promettre une plus heureuse ; tant il est vrai qu'il ne faut pas compter sur toutes les promesses, quelque sincères qu'elles puissent paraître.

[...]

Sera le présent mandement lu et publié au prône de la grande Messe le dimanche après sa réception.

Donné à Québec, dans notre palais épiscopal, sous notre seing, et le sceau de nos armes, et la signature de notre Secrétaire, ce 15 février 1756[104].

104. Henri TÊTU et Charles-Octave Gagnon, *Mandements, lettres pastorales et circulaires des évêques de Québec, Volume Deuxième*, Québec, Imprimerie général A. Côté et Cie, 1888, p. 105-110.

Déportation des Acadiens, 1755 et 1756

Lieu d'embarquement	Bateau	Nombre	Date de départ	Destination	Date d'arrivée
Beaubassin, Beauséjour	*Jolly Phillip*	129	13 octobre 1755	Savannah, Géorgie	17 novembre 1755
	Prince Frederick	280	13 octobre 1755	Savannah, Géorgie	17 novembre 1755
	Syren	21	13 octobre 1755	Savannah, Géorgie	19 novembre 1755
	Boscowan	190	13 octobre 1755	Pennsylvania	Naufrage
	Union	392	13 octobre 1755	Pennsylvania	Naufrage
	Dolphin	121	13 octobre 1755	Charleston, Caroline du Sud	19 novembre 1755
	Edward Cornwallis	417	13 octobre 1755	Charleston, Caroline du Sud	19 novembre 1755
	Endeavor	126	13 octobre 1755	Charleston, Caroline du Sud	19 novembre 1755
	Two Brothers	132	13 octobre 1755	Charleston, Caroline du Sud	11 novembre 1755
Grand-Pré	*Elizabeth*	242	27 octobre 1755	Baltimore, Maryland	20 novembre 1755
	Leopard	178	27 octobre 1755	Baltimore, Maryland	24 novembre 1755
	Hannah	140	27 octobre 1755	Philadelphie, Pennsylvania	19 novembre 1755
	Swan	168	27 octobre 1755	Philadelphie, Pennsylvania	19 novembre 1755
	Sarah and Molly	154	27 octobre 1755	Williamsburg, Virginie	13 novembre 1755
	? (du capitaine Worster)	173	30 novembre 1755	Connecticut	21 janvier 1756
Pointe-des-Boudrot, Grand-Pré	*Endeavor* (Encherée)	166	27 octobre 1755	Williamsburg, Virginie	30 novembre 1755
	Industry	177	27 octobre 1755	Williamsburg, Virginie	13 novembre 1755

Lieu d'embarquement	Bateau	Nombre	Date de départ	Destination	Date d'arrivée
Pointe-des-Boudrot, Grand-Pré	*Mary*	182	27 octobre 1755	Williamsburg, Virginie	13 novembre 1755
	Prosperous	152	27 octobre 1755	Williamsburg, Virginie	13 novembre 1755
	Racehorse	120	20 décembre 1755	Boston, Massachusetts	26 décembre 1755
	Ranger	112	20 décembre 1755	Williamsburg, Virginie	20 janvier 1756
Village des Antoine (Rivière-aux-Canards), **Village des Landry** (Grand Pré) **et Rivière-aux-Canards**	*Swallow*	236	13 décembre 1755	Boston, Massachusetts	30 janvier 1756
	Dove	114	18 décembre 1755	Connecticut	30 janvier 1756
Pisiguit	*Dolphin*	230	27 octobre 1755	Baltimore, Maryland	30 novembre 1755
	Ranger	208	27 octobre 1755	Baltimore, Maryland	30 novembre 1755
	Seaflower	180	27 octobre 1755	Boston, Massachusetts	*15 novembre 1755*
	Three Friends	156	27 octobre 1755	Philadelphie, Pennsylvanie	21 novembre 1755
	Neptune	207	27 octobre 1755	Williamsburg, Virginie	30 novembre 1755
Annapolis Royal	*Pembroke*	232	8 décembre 1755	Caroline du Nord. Détourné à Sainte-Anne-des-Pays-Bas, Acadie française	8 février 1756
	Two Sisters	280	13 octobre 1755	Connecticut	Naufrage
	Helena	323	27 octobre 1755	Boston, Massachusetts	19 novembre 1755
	Edward	278	8 décembre 1755	New London, Connecticut	22 mai 1756
	Elizabeth	280	8 décembre 1755	New London, Connecticut	21 janvier 1756
	Experiment	250	8 décembre 1755	New York	30 mai 1756

Lieu d'embarquement	Bateau	Nombre	Date de départ	Destination	Date d'arrivée
Annapolis Royal	*Hopson*	342	8 décembre 1755	Charleston, Caroline du Sud	15 janvier 1756
	(une goélette escortée par le *Baltimore*)	9	8 décembre 1755	Charleston, Caroline du Sud	15 janvier 1756
Halifax (de Mirligouesh)	*Providence*	50	30 décembre 1755	Caroline du Nord	? 1756
Halifax	*Eagle*	4 (ou plus) – Une famille LeBlanc	1er avril 1756	Boston, Massachusetts	29 mai 1756
Pobomcoup (Cap-Sable)	*Mary*	Environ 100	?	New York	28 avril 1756
Port Latour (Cap-Sable)	*Vulture*	72	21 avril 1756	Boston, Massachusetts	10 mai 1756

Sources :

1. DELANEY, Paul, « The Chronology of the Deportations and Migrations of the Acadians 1755-1816 », *Acadian & French Canadian Ancestral Home* [En ligne], 2008, [http://www.acadian-home.org/Paul-Delaney-Chronology.html] (Consulté le 13 mars 2013).
2. CORMIER, Steven A., « APPENDICES. Ships of the Acadian Expulsion, 1755 and 1758 », *Acadians in Gray* [En ligne], 2007 [http://www.acadiansingray.com/Appendices-Ships,%201755-58.htm#10] (Consulté le 13 mars 2013).
3. HÉBERT, Pierre-Maurice, *Les Acadiens du Québec*, Montréal, Éditions de L'Écho, 1994, p. 35.
4. LEBLANC, Ronnie-Gilles (sous la direction de), *Du Grand Dérangement à la Déportation. Nouvelles perspectives historiques*, Moncton, Chaire d'études acadiennes, 2005, 465 p.

Au total, 7 323 personnes qui furent déportées de la Nouvelle-Écosse en 1755 et en 1756. De ce nombre, il faut enlever les 232 passagers qui étaient sur le *Pembroke*, puisqu'ils réussirent à détourner le bateau vers la rivière Saint-Jean. Alors, le total ajusté est de 7 091 Acadiens déportés. C'est-à-dire 6 915 déportés lors de l'automne de 1755 et environ 176 déportés lors du printemps de 1756. Ce nombre est nettement supérieur à celui présenté par Brasseaux[105], soit 6 069 déportés (sans les pas-

105. Carl Brasseaux, *Scattered to the Wind. Dispersal and Wanderings of the Acadians, 1755-1809*, Lafayette, The Center for Louisiana Studies, 1991, p. 8.

sagers du *Pembroke*), ou à celui présenté par Hébert[106], soit 6 305 déportés (sans les passagers du *Pembroke*).

Le sort des Acadiens de la Nouvelle-Écosse déportés dans les colonies de la Nouvelle-Angleterre

Comme on peut l'imager, le voyage entre la Nouvelle-Écosse et les diverses colonies de la Nouvelle-Angleterre fut pénible. Les déportés étaient entassés dans les cales des bateaux. Ils manquaient d'air sain, de nourriture et la qualité de l'eau laissait à désirer…

> En effet, les autorités portuaires notèrent que « de manière générale, les bateaux sont surchargés et leurs provisions hebdomadaires sont inadéquates : une livre de bœuf, cinq livres de farine et deux livres de pain par personne ne suffisent point, compte tenu de la saison et de la longueur du voyage ; de plus, on constate que l'eau est de très mauvaise qualité[107].

Ces mauvaises conditions ainsi que le manque de salubrité furent à l'origine de maladies épidémiques telles que la variole, la typhoïde et la fièvre jaune. Nonobstant ces problématiques de santé publique, les autorités de la Nouvelle-Angleterre ne savaient pas quoi faire du problème posé par l'arrivée massive d'Acadiens dans leurs ports, ni comment considérer les Acadiens. Comment fallait-il les traiter ? Comme des sujets britanniques qu'on avait déplacés en raison de la guerre ? Étaient-ils des prisonniers de guerre ? Que faire de cette population civile qui se déclare neutre envers ce conflit armé opposant le roi d'Angleterre et son ancien roi de France ? Fallait-il les traiter les Acadiens comme des ennemis hostiles ?

Au Maryland, les Acadiens furent accueillis avec compassion par la communauté catholique. Ils furent dirigés vers un

---

106. Pierre-Maurice HÉBERT, *Les Acadiens du Québec*, Montréal, Éditions de L'Écho, 1994, p. 35.
107. Naomi E.S. GRIFFITHS, *L'Acadie de 1686 à 1784. Contexte d'une histoire*, Moncton, Éditions d'Acadie, 1997, p. 89.

quartier de Baltimore : French Town. D'autres ont été répartis dans diverses localités.

> La *Maryland Gazette* de décembre 1755 rapporta que... C'est le quatrième et dernier navire, employé au transport des Français neutres de la Nouvelle-Écosse, qui nous est arrivé depuis 15 jours avec un chargement de ce genre ; le nombre de déportés arrivés ici atteint aujourd'hui le chiffre de 900.
>
> Comme ces malheureux, pour des motifs politiques, ont été dépouillés de tous les biens qu'ils possédaient à la Nouvelle-Écosse et envoyés ici dans le plus grand dénuement ; l'humanité et la charité chrétienne nous font un devoir de secourir ces êtres dignes de compassion[108].

En Pennsylvanie, les Acadiens furent traités comme « sujets de la Grande-Bretagne[109] ». À New York et au Massachusetts, les Acadiens furent assignés dans des endroits précis et traités comme des prisonniers. Des enfants furent enlevés de leurs parents et placés « comme domestiques et apprentis[110] » dans des maisons privées. Au Connecticut, ils furent bien accueillis et installés un peu partout dans la colonie. Toutefois, ils n'avaient pas le droit de quitter leur résidence. En Virginie, on ne voulait pas d'eux et ils furent envoyés en Angleterre[111]. En Caroline du Sud, les Acadiens reçurent différents traitements, parfois celui accordé aux prisonniers de guerre ou celui réservé aux « sujets de la Couronne » qu'il fallait tout de même surveiller

---

108. *Ibid.*, p. 102.

109. *Ibid.*, p. 100-101.

110. « [L]e 27 décembre 1755, une deuxième loi vota la répartition des familles acadiennes parmi « plusieurs villes », et l'engagement de leurs enfants comme domestiques et apprentis. » On mit fin à cette pratique, le 13 avril 1756, à la demande du Conseil du Massachusetts, à la suite de plaintes d'Acadiens... Naomi E.S. Griffiths, *L'Acadie de 1686 à 1784. Contexte d'une histoire*, Moncton, Éditions d'Acadie, 1997, p. 103.

111. En Angleterre, « ils vont y être internés dans des conditions indignes au sein de camps de concentration jusqu'à la signature du traité de Paris ». Yves Boyer-Vidal, *Le retour des Acadiens. Errances terrestres et maritimes 1750-1850*, Bruxelles, Éditions du Gerfaut, 2005, p. 23.

avec prudence[112]. Toutefois, très rapidement, on leur permit de quitter les colonies, car on ne voulait pas d'eux. Plusieurs tentèrent de retourner en Nouvelle-Écosse, mais plusieurs furent arrêtés à New York et au Massachusetts, et ce, à partir de juillet 1756. D'autres périrent en mer. Certains d'entre eux réussirent à se rendre en territoire français. « Par exemple, quittant le Maryland, la Caroline du Sud et la Géorgie, un certain nombre d'exilés poursuivirent le voyage jusqu'à Saint-Domingue, d'où quelques-uns partirent en Louisiane ou au Honduras[113]. »

En Géorgie, ils reçurent des secours du gouverneur. Ensuite, ils furent envoyés dans des plantations afin d'y travailler avec les esclaves africains. En mars 1756, ils reçurent la permission de quitter la Géorgie. Certains d'entre eux ont rejoint les Acadiens de la Caroline du Sud. D'autres restèrent sur place. Seul un groupe de 50 Acadiens réussirent à se rendre à l'établissement de la rivière Saint-Jean, en Acadie française, où ils arrivèrent le 16 juin 1756. Les 99 autres Acadiens, qui tentèrent de retourner en Acadie, furent arrêtés le 20 juillet à Sandwich, Massachusetts[114]. Ils furent ensuite dispersés et envoyés dans les villes du Massachusetts, le 18 août 1756.

Concernant les Acadiens restés en Géorgie, un fonctionnaire nota que…

> leur sectarisme et leur entêtement sont tels qu'ils ont préféré vivre ensemble dans la misère que de se séparer pour s'assurer une vie plus aisée[115].

---

112. Naomi E.S. GRIFFITHS, *L'Acadie de 1686 à 1784. Contexte d'une histoire*, Moncton, Éditions d'Acadie, 1997, p. 100-101.

113. *Ibid.*, p. 95.

114. Paul DELANEY, « The Chronology of the Deportations and Migrations of the Acadians 1755-1816 », *Acadian & French Canadian Ancestral Home* [En ligne], 2008, [http://www.acadian-home.org/Paul-Delaney Chronology.html] (Consulté le 13 mars 2013).

115. *Ibid.*, p. 119.

Peu de temps après être arrivés dans les divers ports de la Nouvelle-Angleterre, certains Acadiens se mirent à la recherche des membres de leur famille. Comme les autorités du Massachusetts le notèrent en juin 1756, on observait une certaine errance des Acadiens dans la colonie. On peut imaginer la complexité de tenter de trouver sa famille, alors que les Acadiens sont disséminés en Angleterre, au Canada, en Acadie française, dans les colonies des îles Royale et Saint-Jean, ainsi que dans les principaux ports de la Nouvelle-Angleterre, et ce, sans compter ceux qui se réfugieraient dans les colonies françaises des Caraïbes, en Louisiane et au Honduras…

Que devinrent les Acadiens restés en Nouvelle-Écosse?

Plusieurs Acadiens avaient réussi à se cacher dans la région actuelle de Moncton. Ils furent souvent la cible d'attaques par les soldats anglais. Le 12 novembre 1758, les soldats du capitaine George Scott brûlèrent les maisons des Acadiens qu'ils trouvèrent dans cette région. Un groupe d'Acadiens fut capturé et emprisonné à Halifax[116]. Toutefois, la plupart d'entre eux réussirent à survivre cachés dans la forêt. Après la défaite de Québec en 1759, ils se livrèrent aux Anglais du fort Cumberland. Ils furent envoyés dans une prison d'Halifax et relâchés après le traité de paix de 1763. Plusieurs d'entre eux allèrent ensuite s'établir en Louisiane. D'autres trouvèrent refuge au village de Petite-Rochelle, à l'embouchure de la rivière Ristigouche.

Le 21 avril 1756, des Acadiens fugitifs qui étaient cachés dans la région de Cap-Sable furent capturés, et ce, pendant que certains hommes étaient partis à la pêche. À leur retour, ils ne trouvèrent que des ruines et furent capturés à leur tour. Ils furent ensuite déportés vers la Caroline du Nord[117]. Ceux

---

116. Paul Delaney, « The Chronology of the Deportations and Migrations of the Acadians 1755-1816 », *Acadian & French Canadian Ancestral Home* [En ligne], 2008, [http://www.acadian-home.org/Paul-Delaney-Chronology.html] (Consulté le 13 mars 2013).

117. *Ibid.*

réfugiés le long de la rivière Saint-Jean furent pourchassés de septembre 1758 à janvier 1759. Certains furent capturés et envoyés dans une prison d'Halifax. D'autres réussirent à fuir et à se rendre dans la région de Kamouraska, au Québec.

La guerre est officiellement déclarée

Neuf mois après le début des premières agressions armées en Acadie française, l'Angleterre déclare la guerre à la France. Cette dernière prit trois semaines avant de déclarer elle aussi la guerre à son ennemi.

> Anticipées depuis longtemps, les déclarations de guerre officielles arrivent au printemps de 1756. George II donne le ton le 17 mai 1756, suivi de Louis XV, le 9 juin[118].

C'est officiellement le début de la guerre de Sept Ans!

Plusieurs batailles eurent lieu aux frontières de la Nouvelle-France et de la Nouvelle-Angleterre. Les Français ne faisaient pas le poids. Il n'y a pas assez d'effectifs français pour ce vaste territoire. La Nouvelle-France connaissait des problèmes d'approvisionnement et une bonne partie de la population était réduite à la famine. Les réfugiés acadiens, qui commencèrent à arriver à Québec en juin 1756, ne faisaient qu'aggraver la situation. Et pour ajouter aux problèmes existants, une épidémie de variole (petite vérole) éclata à Québec en juin 1756[119], après l'arrivée du navire *Léopard*[120] dont l'équipage était infecté par la maladie.

---

118. Andrew John Bayly Johnston, 1758. *La finale. Promesses, splendeur et désolation de la dernière décennie de Louisbourg*, Québec, Presses de l'Université Laval, 2011, p. 142.

119. Il est à noter que quelques réfugiés de l'île Saint-Jean arrivèrent à l'automne 1755. Certains d'entre eux étaient mariés à des Acadiennes. Voir la troisième partie.

120. Henri Raymond Casgrain, *Journal du marquis de Montcalm durant ses campagnes en Canada de 1756 à 1759*, Québec, L.-J. Demers & frères, 1895, p. 70.

De son côté, la « politique de réimplantation des Acadiens [sur l'île Saint-Jean] connut un tel succès que, de 1749 à l'été 1755, la population quadrupla, atteignant environ 3 000 âmes[121] ». Toutefois, l'accroissement de la population de l'île fut trop rapide et le manque de ravitaillement entraîna une famine. Pour remédier à la situation, un certain nombre d'Acadiens furent envoyés à Québec et à Miramichi en octobre 1756.

---

121. Earle LOCKERBY, *La déportation des Acadiens de l'Île-du-Prince-Édouard*, Montréal, Éditions au Carré, 2010, p. 29.

Chapitre 6

La déportation de l'île Royale et de l'île Saint-Jean, 1758-1759

La chute des colonies de l'île Royale et de l'île Saint-Jean

Louisbourg fut attaqué par les Anglais, le 8 juin 1758. À bout de ressources et épuisé par ces attaques constantes, Augustin de Boschenry de Drucour, le gouverneur de l'île Royale, capitula le 26 juillet 1758. Voici les conditions de la capitulation :

> Les conditions de la capitulation convenues le 26 juillet 1758 sont catégoriques ; elles ne comptent que six articles. Le premier stipule que « [l]a garnison de Louisbourg sera prisonniers de guerre et sera transportée dans des Vaisseaux de Sa Majesté Britannique ». Deuxièmement, « [t]oute l'artillerie, les munitions de guerre et de Bouche aussy bien que les armes de touttes especes » qui se trouvent dans l'île Royale et l'île Saint-Jean seront remises aux Britanniques. Troisièmement, les troupes françaises dans l'île Saint-Jean se rendront et embarqueront sur les navires britanniques à l'arrivée de ceux-ci. Plus long, le quatrième article aborde les détails de la rétrocession de Louisbourg. « La Porte Dauphine (la porte principale de la ville côté terre) sera livrée aux troupes de Sa Majesté britannique demain [le 27 juillet] à huit heures du matin, et la garnison, y compris tout ceux qui ont porté les armes, se rengera a midy dans l'Esplanade [et] posera les armes, drapeaux, Instruments et ornements de guerre. » Les soldats français seront ensuite embarqués pour être convoyés en Angleterre, où ils seront emprisonnés. Le cinquième article stipule que les malades et les blessés français recevront le « même soin » que les Britanniques. Le sixième et dernier

> article concerne le segment non combattant de la population civile de Louisbourg. Il mentionne que « [l]es Négociants et leurs Commis qui n'ont pas porté les armes seront transportés en France de telle façon que l'amiral Jugera à propos ».[122]

Les Acadiens réfugiés à île Saint-Jean et à île Royale furent donc déportés en France et en Angleterre, à l'automne 1758.

La déportation des habitants de l'île Royale

En juillet 1758, il y avait environ de 3 000[123] habitants français et acadiens[124] dans la colonie de l'île Royale, ainsi que 5 637 prisonniers de guerre, soit 3 031 militaires et 2 606 matelots[125]. Très rapidement, les autorités britanniques permirent à la population civile de se rendre en France. L'expédition s'organisa et on appareilla six navires ; cinq d'entre eux quittèrent Louisbourg le 15 août et un autre le 18. Ces exilés arrivèrent à La Rochelle entre le 15 et le 30 septembre. Quant aux militaires français faits prisonniers, ils furent envoyés en Angleterre le 15 août et le 13 septembre. Pendant ce temps-là, les Acadiens réfugiés en Gaspésie furent aussi pourchassés et leurs maisons furent également incendiées. Un groupe de Gaspé fut capturé et conduit à Louisbourg et, le 15 août, il fut déporté à Saint-Malo.

---

122. Andrew John Bayly Johnston, *1758. La finale. Promesses, splendeur et désolation de la dernière décennie de Louisbourg*, Québec, Presses de l'Université Laval, 2011, p. 371-372.

126. Johnston estime qu'il y avait 3 000 à 4 000 civils. Statistique Canada estime qu'il y avait 2 500 habitants. Alors, j'ai opté pour environ 3 000 habitants. Andrew John Bayly Johnston, *1758. La finale. Promesses, splendeur et désolation de la dernière décennie de Louisbourg*, Québec, Les Presses de l'Université Laval, 2011, p. 376. ——, « Les Acadiens (1752 à 1784) », *Statistique Canada* [En ligne], 22 octobre 2008, [http://www.statcan.gc.ca/pub/98-187-x/4064810-fra.htm] (Consulté le 13 mars 2013).

124. Sur l'île Royale, il y avait 1 192 Acadiens en 1754, selon : Stephen A. White, « The True Number of the Acadians », *Du Grand Dérangement à la Déportation. Nouvelles perspectives historiques*, Moncton, Chaire d'études acadiennes, 2005, p. 53.

125. Andrew John Bayly Johnston, *1758. La finale. Promesses, splendeur et désolation de la dernière décennie de Louisbourg*, Québec, Presses de l'Université Laval, 2011, p. 376.

Ensuite, les habitants de l'île Royale qui n'étaient pas partis de leur propre chef furent déportés sur huit navires ; le premier quitta Louisbourg le 9 septembre, cinq autres le 10 septembre et les deux derniers, le 20 septembre. Environ 2 300 habitants français de l'île Royale s'exilèrent volontairement ou furent déportés en France, soit environ 1763 à La Rochelle et Rochefort ainsi que 537 à Saint-Malo et à Brest. Il restait donc environ 700[126] personnes sur l'île. Certaines personnes se cachèrent en forêt auprès des Mi'kmaqs. D'autres se réfugièrent sur les berges de la rivière Saint-Jean, à Miramichi, à Ristigouche, sur l'île Madame, etc. La traversée de l'Atlantique ne semble pas avoir été facile. En effet, en octobre 1758, lorsque les cinq derniers vaisseaux accostèrent à La Rochelle, « les médecins établirent que la majorité des passagers souffraient de fièvres causées par des parasites intestinaux. On affirma que les passagers avaient été réduits à manger des biscuits avariés et du bœuf salé infesté de vers[127] ». Environ 523 personnes sur 1 763 décédèrent peu de temps après leur arrivée. Une liste des déportés à La Rochelle fut établie entre le 8 et le 13 novembre 1758 et fut ensuite recopiée le 28 avril 1759[128]. Sur cette liste, on trouve un compte

---

126. ——, « Les Acadiens (1752 à 1784) », *Statistique Canada* [En ligne], 22 octobre 2008, [http://www.statcan.gc.ca/pub/98-187-x/4064810-fra.htm] (Consulté le 13 mars 2013).

127. Earle Lockerby, *La déportation des Acadiens de l'Île-du-Prince-Édouard* (traduction de Robert Pichette), Montréal, Éditions au Carré, 2010, p. 86.

128. On trouve sur cette liste datée du 28 avril 1759 : « De feu Alexandre LeRoy, habitant acadien étably à la Baye des Espagnols ». On y trouve aussi : « De Charles LeRoy, habitant acadien étably à la Baye des Espagnols : Charles LeRoy, Charlotte Chauvet, sa femme, etc. » Or, Alexandre LeRoy fut inhumé le 8 novembre 1758 à Saint-Nicolas de La Rochelle. Puis, Marie-Charlotte Chauvet décéda le 13 novembre 1758 et fut inhumée le 14 novembre, à Saint-Sauveur de La Rochelle. C'est pour cette raison que je crois que cette liste fut établie entre le 8 et le 13 novembre 1758 et recopiée le 28 avril 1759. Sources : 1) Liste générale des familles, etc. 28 avril 1759. Archives nationales d'outre-mer (ANOM, France), COL C11B 38/fol.265-286. 2) ——, « Archives en ligne : Registres paroissiaux, pastoraux et d'état civil », Archives départementales de la Charente-Maritime, France [En ligne], 12 avril 2010, [http://charente-maritime.fr/archinoe/registre.php] (Consulté le 28 mars 2013).

de 1 177 personnes débarquées à Rochefort et La Rochelle. La forteresse de Louisbourg fut détruite en 1760, les Anglais ne voulaient pas qu'elle serve de nouveau aux Français.

Déportation des habitants de l'île Royale et de Gaspé

Lieu d'embarquement	Bateau	Nombre	Date de départ	Destination	Date d'arrivée
Louisbourg	*Burford*	? matelots	15 août 1758	Angleterre	Vers octobre 1758 ?
	Kingston	? matelots	15 août 1758	Angleterre	Vers octobre 1758 ?
	Dublin	? officiers de marine	15 août 1758	Angleterre	Vers octobre 1758 ?
	Northumberland	? militaires	15 août 1758	Angleterre	Vers octobre 1758 ?
	Terrible	? militaires	15 août 1758	Angleterre	Vers octobre 1758 ?
	Mary (Marie Anne)	110	15 août 1758	La Rochelle, France	22 septembre 1758
	Nazaret [A]	? (env. 84)	15 août 1758	La Rochelle, France	27 septembre 1758
	Belle Amériquaine [B]	? (env. 84)		La Rochelle, France	30 septembre 1758
	Benjamin	? (env. 85)	15 août 1758	La Rochelle, France	30 septembre 1758
	Roussel	? (env. 85)	*15 août 1758*	La Rochelle, France	30 septembre 1758
Gaspé et Louisbourg	*Antelope*	78 (dont 31 de Gaspé)	15 août 1758	Saint-Malo, France	1er novembre 1758

A. Je ne suis pas parvenu à trouver le nombre de passagers pour chacun des navires. Toutefois, nous les connaissons pour les navires suivants : *Mary (Marie-Anne)*, *Essex*, *Duke of Cumberland* et *Richmond*, qui totalisaient 1 171 passagers. Ce sont 1 763 personnes qui furent déportées à La Rochelle et à Rochefort. Donc en soustrayant les 1 171 passagers connus au nombre total des déportés, nous arrivons à un total de 593 passagers pour les navires suivants : *Nazaret*, *Belle Amériquaine*, *Benjamin*, *Roussel*, *Charles*, *Prince Wales* et *Belle Suzanne*. En répartissant 593 passagers entre sept navires, nous estimons que le nombre de passagers par navire variait entre 84 et 85.

B. Tel qu'écrit dans : Amirauté de La Rochelle. États de la conduite payée aux officiers mariniers et matelots. Archives départementales de la Charente-Maritime (France), B254.

Lieu d'embarquement	Bateau	Nombre	Date de départ	Destination	Date d'arrivée
Louisbourg	*Essex* [C]	450	18 août 1758	La Rochelle, France	14 septembre 1758
	Britannia	90	9 septembre 1758	Brest, France	26 octobre 1758
	Charles	? (env. 85)	10 septembre 1758	La Rochelle, France	18 octobre 1758
	Duke of Cumberland	327	10 septembre 1758	La Rochelle, France	21 octobre 1758
	Prince Wales	? (env. 85)	10 septembre 1758	La Rochelle, France	22 octobre 1758
	Richmond	284	10 septembre 1758	La Rochelle, France	26 octobre 1758
	Belle Suzanne	? (env. 85)	10 septembre 1758	La Rochelle, France	26 octobre 1758
	York	44 **militaires**	13 septembre 1758	Spithead, Angleterre	27 octobre 1758
	Duke William I (Duc Guillaume)	342	20 septembre 1758	Saint-Malo, France	12 novembre 1758
	Queen of Spain (Reine d'Espagne)	105	20 septembre 1758	Saint-Malo, France	17 novembre 1758

Sources :

1. François ROUX, « Arrivées St-Malo et Brest (transcriptions des listes établies par Louis Xavier Perez à partir des documents conservés aux Archives de la Marine à Brest », *Poitou-Acadie-Bretagne* [En ligne], 14 août 2005 [http://froux.pagesperso-orange.fr/St_malo_arrivees/index_arrivee.htm] (Consulté le 13 mars 2013).
2. DELANEY, Paul, « The Chronology of the Deportations and Migrations of the Acadians 1755-1816 », *Acadian & French Canadian Ancestral Home* [En ligne], 2008, [http://www.acadian-home.org/Paul-Delaney-Chronology.html] (Consulté le 13 mars 2013).
3. CORMIER, Steven A., « APPENDICES. Ships of the Acadian Expulsion, 1755 and 1758 », *Acadians in Gray* [En ligne], 2007 [http://www.acadiansingray.com/Appendices-Ships,%201755-58.htm#10] (Consulté le 13 mars 2013).
4. Amirauté de La Rochelle. États de la conduite payée aux officiers mariniers et matelots. Archives départementales de la Charente-Maritime (France), B254
5. JOHNSTON, Andrew John Bayly, *1758. La finale. Promesses, splendeur et désolation de la dernière décennie de Louisbourg* (traduction Michel Buttiens), Québec, Presses de l'Université Laval, 2011, 436 p.

C. « 1758-09- 21 ; SHM Rochefort, 1 E 160, f° 625. Dans la lettre annonçant l'arrivée du premier paquebot, le 16 septembre 1758, Baudry informe le ministre qu'un paquebot anglais (l'Essex probablement, ou peut-être seulement les passagers de ce navire débarqués dans un premier temps à l'île d'Yeu ?) est arrivé le 14 [septembre 1758] avec 450 personnes environ à bord. » Jean-François MOUHOT, Les Réfugiés acadiens en France (1758-1785) : l'impossible réintégration ?, Thèse (doctorat), Institut Universitaire Européen, 2005, p. 175, note n° 7.

Au total, 2 379 civils de l'île Royale furent déportés en France. Le nombre de militaires ne fait pas partie de ce calcul.

La déportation des habitants de l'île Saint-Jean

La capitulation de Louisbourg entraîna non seulement la perte de l'île Royale, mais aussi celle de l'île Saint-Jean. En effet, presque quatre semaines plus tard, soit le 17 août, le *Hind* arriva à Port-la-Joye afin de prendre possession de l'île Saint-Jean. Lorsqu'il débarqua, le lieutenant-colonel Andrew Rollo rencontra Gabriel Rousseau de Villejouin, major et commandant de Port-la-Joye, et lui remit une lettre datée du 8 août, provenant du gouverneur de l'île Royale, M. Drucour. La lettre expliquait à Villejouin qu'il devait capituler ! C'est sans résistance que les soldats et fonctionnaires français se rendirent aux Britanniques. Le sort de l'île était jeté, la population allait être déportée… Il y avait environ 4 250 habitants, en grande majorité des Acadiens, ainsi que 100 militaires et fonctionnaires français sur l'île Saint-Jean. Les soldats britanniques commencèrent à embarquer la population à partir du 24 août jusqu'au 30 août. Le premier de deux convois quitta l'île et arriva à Louisbourg le 4 septembre, en attendant d'être envoyé en France. Comme dans le cas de l'île Royale, les soldats de l'île Saint-Jean furent déportés et mis en prison en Angleterre. Certaines familles acadiennes allaient se faire déporter une deuxième fois… En effet, la famille de Félix LeBlanc, par exemple, avait été déportée du fort Beauséjour en Caroline. Avec d'autres Acadiens, elle avait réussi à revenir en Acadie française, s'installant temporairement à la rivière Saint-Jean puis à l'île Saint-Jean. Elle fut à nouveau déportée, cette fois en France, sur le *Neptune*.

Lorsque les navires furent remplis d'une bonne partie de la population, le dernier convoi quitta Port-la-Joye le 4 novembre en direction de Louisbourg. Lors de ce voyage, deux navires firent naufrage : le *Parnassus* et le *Richard and Mary*. Tous les passagers furent rescapés. Ceux du *Richard and Mary* furent embarqués dans le *Duke William II*. Les autres furent pris à bord de divers navires. La majorité des navires arriva à Louisbourg, le 14 novembre et le 22 novembre. Le convoi quitta ensuite Louisbourg le 25 novembre en direction de Saint-Malo. Au total, on estime que 3 071 habitants et la centaine de militaires et fonctionnaires français furent déportés de l'île Saint-Jean vers la France. On estime également qu'environ 1 100 Acadiens auraient fui l'île Saint-Jean et qu'environ 150 autres se seraient cachées dans la forêt.

> Tous les habitants de l'île Saint-Jean n'obéirent pas aux ordres britanniques de se constituer prisonniers. Rollo informa Boscawen, dans une lettre datée du 10 octobre, qu'un certain nombre avait fui au Canada en emportant une grande quantité de bétail au moyen de quatre goélettes qui naviguaient entre Malpèque et la terre ferme. Une lettre du capitaine Bond, en date du 12 octobre, admettait la difficulté que les troupes éprouvaient à soumettre les habitants. Il fit état d'une goélette française ou acadienne, armée de six canons, qui prêtait main-forte aux Acadiens pour qu'ils échappent aux rafles des Britanniques en se réfugiant sur la terre ferme[129].

En effet, certains habitants de l'île Saint-Jean réussirent à échapper à la déportation. Toutefois, les Britanniques ne pouvaient tous les déporter puisqu'ils manquaient de temps et d'effectifs pour arriver à leurs fins. Cependant, ils prévoyaient revenir au printemps pour compléter leur tâche. Quelques femmes et enfants, en mauvaise santé, furent laissés à Port-la-Joye et tous les habitants de Malpèque furent épargnés, ce village étant trop éloigné :

> Dans une lettre à Boscawen, en date du 5 novembre, Durell note que les colons qui devaient rester à Port-la-Joie étaient en mauvaise santé et qu'il s'agissait en majorité de femmes et d'enfants[130].
>
> [...]

129. Earle Lockerby, *La déportation des Acadiens de l'Île-du-Prince-Édouard*, Montréal, Éditions au Carré, 2010, p. 54.
130. *Ibid.*, p. 56-57.

> [S]auf pour les habitants de Malpec, que les soldats britanniques ne pouvaient appréhender à cause du manque de temps et des ressources[131].
>
> [...]
>
> De plus, Whitmore informait Pitt qu'en dépit de cette réussite, Rollo l'avait également informé que « tout à fait contre son inclination, il est obligé de laisser sur place les habitants d'une paroisse au complet »[132].

La traversée de l'Atlantique

Les deux convois réunis, formant douze navires provenant de l'île Saint-Jean, quitta Louisbourg le 25 novembre en direction de Saint-Malo. Lors de la traversée, une tempête fit rage, de sorte que les navires du convoi furent séparés. Après cette tempête, trois navires firent naufrage : le *Violet*, le *Duke William II* et le *Ruby*. L'équipage du *Duke William II* et celui du *Ruby* survécurent, ainsi que l'abbé Jacques Girard, curé de Saint-Paul-de-la-Pointe-Prime, et quatre de ses paroissiens. Tous les passagers du *Violet* et du *Duke William II* périrent par noyade. Quant au *Ruby*, 190 passagers décédèrent, soit lors du naufrage ou auparavant suite à la maladie. Donc 120 passagers acadiens du *Ruby* survécurent au naufrage. Ce dernier s'échoua sur des rochers près de la côte de Pico, aux Açores. Toutefois, seulement 87 des déportés à son bord furent transportés sur le *Santa Catarina* jusqu'à Portsmouth, Angleterre. Ils y arrivèrent le 4 février 1759. Ils furent ensuite transférés sur le *Bird* et envoyés à Havre de Grâce, en France, où ils arrivèrent le 10 février 1759. Qu'advint-il des 33 Acadiens laissés aux Açores ? Ils furent transportés un peu plus tard à Rochefort.

131. *Ibid.*, p. 57.
132. *Ibid.*, p. 58.

Les prisonniers du *Mary*, quant à eux, eurent toute une épreuve... Les officiers du navire négligèrent les captifs en les privant de nourriture. « Le capitaine Donaldson immergea entre 250 et 260 passagers décédés en mer; des enfants pour la plupart[133]. » Ce navire, qui prenait l'eau, arriva à Spithead, Angleterre, le 31 octobre 1758. Les passagers survivants étaient tellement en piètre état que les autorités de Londres demandèrent à des médecins d'en prendre soin. Ces derniers rapportèrent que les prisonniers « semblaient mourir de faim et qu'ils étaient presque nus. [...] ils ont été tellement parqués, et qu'en conséquence ils ont respiré un air fétide et qu'ils sont sales[134] ». Les survivants furent transportés sur le *Desire* et le *Bird* à destination de Cherbourg, en France, où ils arrivèrent à la mi-novembre. Outre les problèmes d'alimentation et d'hygiène que connurent les déportés du *Mary*, ils furent cette fois victimes de vol. En effet, après avoir débarqué les Acadiens à Cherbourg, le capitaine ainsi que des six membres de l'équipage du *Desire* ouvrirent des coffres appartenant aux Acadiens et y prirent l'argenterie ainsi que des vêtements.

On peut constater que la déportation de l'île Saint-Jean fut pénible. On estime qu'un peu plus de la moitié des déportés périrent à bord des navires, soit par noyade ou suite à des maladies. À l'arrivée de quelques navires « à Saint-Malo le 23 janvier, un fonctionnaire français nota que les passagers souffraient de maladies épidémiques, de malnutrition et du scorbut[135] ».

---

133. *Ibid.*, p. 80.
134. *Ibid.*, p. 81-82.
135. *Ibid.*, p. 86.

Déportation des Acadiens de l'île Saint-Jean et de la Nouvelle-Écosse

<table>
<tr><th>Lieu d'embarquement</th><th>Bateau</th><th>Nombre</th><th>Date de départ</th><th>Destination</th><th>Date d'arrivée</th></tr>
<tr><td>Isle Saint-Jean, Embarqués à Louisbourg</td><td>Mary Ensuite : Desire, Bird</td><td>560</td><td>27 septembre 1758</td><td>Spithead, Angleterre
Cherbourg, France</td><td>31 octobre 1758
mi-novembre 1758</td></tr>
<tr><td rowspan="10">Isle Saint-Jean</td><td>Tamerlane</td><td>60</td><td>25 novembre 1758 de Louisbourg</td><td>Plymouth, Angleterre
Saint-Malo, France</td><td>16 décembre 1758
16 janvier 1759</td></tr>
<tr><td>Cinq paquebots anglais : 1. John and Samuel, 2. Mathias, 3. Patience, 4. Restoration, 5. Yarmouth</td><td>1033</td><td>25 novembre 1758 de Louisbourg</td><td>Saint-Malo, France</td><td>23 janvier 1759</td></tr>
<tr><td>Supply</td><td>167</td><td>25 novembre 1758 de Louisbourg</td><td>Bideford, Angleterre
Saint-Malo, France</td><td>20 décembre 1758
9 mars 1759</td></tr>
<tr><td>Neptune</td><td>179</td><td>25 novembre 1758 de Louisbourg</td><td>Portsmouth, Angleterre
Boulogne-sur-Mer, France</td><td>Vers le 23 décembre 1758
26 décembre 1758</td></tr>
<tr><td>Ruby</td><td>310 (120 survécurent)</td><td rowspan="4">25 novembre 1758 de Louisbourg</td><td>Naufrage aux Açores, Portugal</td><td>16 janvier 1759</td></tr>
<tr><td rowspan="2">à Santa Catarina à Bird</td><td rowspan="2">(87)</td><td>Portsmouth, Angleterre</td><td>4 février 1759</td></tr>
<tr><td>Havre de Grâce, France</td><td>10 février 1759</td></tr>
<tr><td>à bateau inconnu</td><td>(33)</td><td>Rochefort, France</td><td>1759 inconnue</td></tr>
<tr><td>Three Sisters</td><td>87</td><td>25 novembre 1758 de Louisbourg</td><td>Havre de Grâce, France</td><td>4 ou 5 février 1759</td></tr>
<tr><td>Duke William II</td><td>305</td><td>25 novembre 1758 de Louisbourg</td><td>Naufrage</td><td>13 décembre 1758</td></tr>
</table>

Lieu d'embarquement	Bateau	Nombre	Date de départ	Destination	Date d'arrivée
Isle Saint-Jean	*Violet*	283	25 novembre 1758 de Louisbourg	Naufrage	12 décembre 1758
Cap-Sable, Nouvelle-Écosse	*Alexander II*	68	29 octobre 1758	Le Havre, France	Vers janvier 1759
Georges Island, Halifax (prisonniers provenant du Cap-Sable)	*Mary the fourth*	151	10 novembre 1759	Portsmouth, Angleterre Cherbourg, France	Vers le 29 décembre 1759 14 janvier 1760

Sources :

1. François ROUX, « Arrivées St-Malo et Brest (transcriptions des listes établies par Louis Xavier Perez à partir des documents conservés aux Archives de la Marine à Brest », *Poitou-Acadie-Bretagne* [En ligne], 14 août 2005 [http://froux.pagesperso-orange.fr/St_malo_arrivees/index_arrivee.htm] (Consulté le 13 mars 2013).
2. DELANEY, Paul, « The Chronology of the Deportations and Migrations of the Acadians 1755-1816 », *Acadian & French Canadian Ancestral Home* [En ligne], 2008, [http://www.acadian-home.org/Paul-Delaney-Chronology.html] (Consulté le 13 mars 2013).
3. CORMIER, Steven A., « APPENDICES. Ships of the Acadian Expulsion, 1755 and 1758 », *Acadians in Gray* [En ligne], 2007 [http://www.acadiansingray.com/Appendices-Ships,%201755-58.htm#10] (Consulté le 13 mars 2013).
4. LOCKERBY, Earle, *La déportation des Acadiens de l'Île-du-Prince-Édouard* (traduction de Robert Pichette), Montréal, Éditions au Carré, 2010, 166 p.
5. LOCKERBY, Earle, « The Deportation of the Acadians from Ile St. Jean, 1758 », *Acadiensis*, vol. XXVII, nº 2, printemps 1998, p. 45-94.

Ce qui totalise 2 984 personnes déportées de l'île Saint-Jean en 1758 et 219 Acadiens du Cap-Sable en 1758 et en 1759. Ce nombre est inférieur aux 3 500 personnes déportées de l'île Saint-Jean selon l'estimation d'Hébert[136].

Le naufrage du Duke William II

À son arrivée en Angleterre, le capitaine William Nichols écrivit le récit du naufrage de son navire ainsi que la perte de ses passagers acadiens. Voici un extrait de la lettre du capitaine Nichols, écrite à Penzance, le 16 décembre 1758.

136. Pierre-Maurice HÉBERT, *Les Acadiens du Québec*, Montréal, Éditions de L'Écho, 1994, p. 35.

C'est avec la plus grande tristesse que je vous informe que j'ai été obligé de laisser couler le *Duke William*, avec à son bord 300 habitants français de l'île Saint-Jean, en Amérique du Nord. Nous étions à environ 35 lieues du continent, le mercredi 13 courant [décembre], vers quatre heures de l'après-midi. Je crois qu'ils n'ont pu rester au-dessus de l'eau jusqu'à huit heures du soir.

Nous avons quitté l'île Saint-Jean le 15 novembre[137] et, le 29, notre navire a eu une fuite d'eau. En peu de temps, il y eut cinq pieds d'eau dans la cale. Malgré les deux pompes de rechange à bord, et un grand nombre d'hommes, ces derniers prirent de l'avance pendant 24 heures, et cette situation s'est maintenue pendant environ huit jours. Le 9 [décembre], [la température] étant plus clémente, nous avons réussi à contenir la fuite à l'aide d'une pompe qui fonctionnait sans cesse. Par conséquent, nous avons hissé les canots de sauvetage et recouvert le navire, après avoir libéré tous les ponts et la cale, afin de faciliter le voyage.

Cependant, le lundi 11 [décembre], la fuite a éclaté de nouveau, et, malgré les quatre pompes et une telle quantité d'hommes à toutes les écoutilles, nous ne pouvions pas sauver le bateau. C'est ainsi que le mercredi matin, vers cinq heures, la cale était pleine d'eau et nous avons donc cessé le pompage. Nous avons par la suite hissé les canots de sauvetage avec beaucoup de difficulté ; au cas où des navires vinrent nous aider à lutter pour nos vies. À neuf heures du matin, nous avons vu deux navires qui venaient en notre direction ; ce qui nous a donné de grands espoirs. Nous avons alors sorti le signal de détresse et tiré plusieurs coups de feu, mais ils ont hissé leurs pavillons et sont restés à l'écart de nous. Nous avons ensuite coupé notre grand mât pour mieux leur démontrer notre détresse. Cependant, ils ne nous ont pas prêté attention et se sont résolument éloignés.

À onze heures, un autre bateau est passé et a pu constater notre triste situation et entendre nos canons aussi clairement que nous pouvions voir les hommes sur le pont. Toutefois, ils

137. C'était en réalité le 4 novembre.

se sont comportés comme les autres l'avaient fait auparavant en s'éloignant rapidement de nous. Les Français ont ensuite perdu tout espoir, en disant que Dieu leur avait pardonné leurs péchés et qu'ils étaient résignés à mourir.

Au terme du voyage, et au milieu de nos malheurs, ils se sont comportés avec la plus grande intrépidité. Dans leurs derniers moments, en voyant que nos tentatives avaient échoué, ils se sont comportés avec le plus grand courage ; ils sont venus me serrer dans leurs bras. Ils m'ont dit qu'ils étaient vraiment touchés que mon équipage et moi avions fait tout en notre pouvoir pour sauver le navire et leurs vies. Étant donné que je ne pouvais plus leur rendre service, ils m'ont supplié de sauver ma propre vie et celles de mes hommes. J'ai pris leur prêtre [l'abbé Jacques Girard] avec moi et je l'ai installé dans un canot, et ce, avant que je me rende au-dessus de la proue. Il y avait tellement de vagues que les canots n'étaient pas stables auprès du navire. Après que nous ayons embarqué, les canots se sont détachés du navire. Pendant une demi-heure, nous avons entendu leurs cris et en nous faisant signe de nous éloigner, ce qui nous brisait le cœur. Nous les avons perdus de vue vers quatre heures de l'après-midi.

Nous nous trouvions nous-mêmes dans une situation malheureuse, 34 survivants qui, selon notre jugement, nous étions à plus de 30 lieues du continent. Nos provisions s'élevaient à environ huit ou neuf livres de pain. Nos provisions en eau et en munitions étaient totalement épuisées. [...] Dans cette situation mélancolique, il a plu à Dieu de conduire notre destin à cet endroit.

Le mardi [12 décembre], le capitaine Sagget du *Violet*, avec 300 Français à bord, a hissé le signal de détresse, sa vergue avant ayant disparu dans le vent, et son mât d'artimon était coupé. Je lui avais parlé la veille au soir, il m'avait dit qu'il ne pouvait pas sauver le navire à l'aide de ses pompes alors il craignait de subir le même sort que nous.

> Tout ce qui peut me consoler dans ce malheur, c'est de savoir que j'ai fait tout en mon pouvoir pour sauver le navire ainsi que les vies en cause[138]...

Quel récit rempli d'émotions! Après avoir lutté pendant quatorze jours pour contenir la fuite, ces Acadiens, résignés à mourir « en disant que Dieu leur avait pardonnés », décédèrent à environ 166 kilomètres des côtes de la France...

Le témoignage de l'abbé Jacques Girard

Jacques Girard était le curé de la paroisse Saint-Paul-de-la-Pointe-Prime, île Saint-Jean, et ancien curé de Cobequid, en Acadie. Voici l'extrait de la lettre datée du 24 janvier 1759, qu'il écrivit dans le port de Brest et qu'il adressa à l'abbé de l'Isle-Dieu, vicaire général de l'évêque de Québec à Paris ainsi que des Colonies de la Nouvelle-France.

> Me voici, Monsieur, de relâche à Brest après avoir été préservé et sauvé d'un naufrage où je devais périr et où 300 hommes ont perdu la vie sur un vaisseau anglais qui nous passait de l'île St. Jean à St. Malo, suivant la capitulation de Louisbourg.
>
> Je me suis embarqué le 20 octobre avec bon nombre d'habitants de ma paroisse. Je suis parti du Port-la-Joye où les Anglais ont bâti un petit fort et où ils ont laissé 150 hommes de garnison.
>
> Dès le 4 novembre [date de départ de Port-la-Joye en direction de Louisbourg] nous avons manqué de périr, mais le 13 décembre le vaisseau coulant bas d'eau qu'on n'a pu étancher ni épuiser avec 4 pompes et 3 puits... l'équipage s'est sauvé et m'a sauvé moi-même avec 4 de mes habitants et paroissiens, passagers Acadiens dont deux mariés et deux garçons.

---

138. William Nichols, « Three hundred French People lost at Sea, Extract of a Letter from Captain William Nicholes, of the Duke William transport, dated Penzance, December 16, 1758 », *The London Magazine : Or, Gentleman's Monthly Intelligencer. Volume XXVII. For the year 1758*, London, R. Baldwin, 1759, p. 655-656.

> Tous les autres ont été engloutis dans la mer et cela dans la Manche à 20 ou 30 lieues de terre. Nous avons gagné heureusement et comme par miracle les côtes d'Angleterre où nous avons été sans aucun secours ni du côté du roi d'Angleterre, ni [du] roi de France pendant un mois et quelques jours (n'étant pas prisonniers)… enfin nous avons été embarqués pour La Rochelle dans un paquebot.
>
> Nous sommes cependant de relâche à Brest où nous avons débarqué pour attendre l'honneur de votre réponse et vos avis; mais étant sans ressource nous sommes obligés de rester à bord pour vivre car nous n'avons rien sauvé que notre corps bien mal vêtu (livres, papiers et autres effets perdus).
>
> Nous voilà présentement hors d'état de travailler si la Cour ne fait attention à une aussi triste situation, depuis plus de 20 ans de service tant dans l'Acadie sous le Gouvernement Anglais qu'à l'île St. Jean[139].

La situation des Acadiens restés à l'île Saint-Jean

À l'automne 1758, après le départ du dernier convoi[140] chargé d'Acadiens de l'île Saint-Jean en direction de la France, la plupart des habitants de Malpèque en profitèrent pour fuir l'île Saint-Jean, avec l'abbé Dosquet, tandis qu'un petit groupe resta pour hiverner sur l'île. Certains quittèrent l'île au printemps 1759 et d'autres se cachèrent à nouveau dans la forêt. « Le gouverneur Whitmore rapporta, le 27 juin 1759, qu'il avait envoyé trois navires armés à l'île Saint-Jean[141]. » dans le but de compléter la déportation des habitants, mais les soldats britanniques ne trouvèrent pas les Acadiens. L'année suivante, ces Acadiens

139. Placide GAUDET, « Lettre de Girard à l'Isle-Dieu, 1759 » (Centre des études acadiennes, Fonds Placide-Gaudet, cote 1.35-26.), *1755 : l'Histoire et les histoires* [En ligne], 2007, [http://www2.umoncton.ca/cfdocs/etudacad/1755/index.cfm?id=010602000&overlay=doc&identifier=001752&bd=CEA&lang=fr&style=G&admin=false&linking=] (Consulté le 13 mars 2013).

140. Celui du 4 novembre 1758.

141. Earle LOCKERBY, *La déportation des Acadiens de l'Île-du-Prince-Édouard*, Montréal, Éditions au Carré, 2010, p. 105.

cachés en forêt, qui n'avaient plus rien à manger, se résignèrent à demander la charité auprès des soldats du fort Amherst, à Charlottetown (anciennement Port-la-Joye).

« En 1762, la correspondance officielle indique que 16 familles françaises à l'île Saint-Jean recevaient la charité des Britanniques pour les empêcher de mourir de faim[142]. » En 1764, l'arpenteur Samuel Holland mentionna qu'il avait trouvé environ 30 familles acadiennes et qui demeuraient à Havre-Saint-Pierre et à Baie-de-Fortune. Il semble aussi que quelques familles aient été établies à Rustico. Holland nota également qu'il y avait sur l'île 398 maisons, deux églises et neuf moulins. Surprenant, n'est-ce pas ? En effet, lors de la déportation des Acadiens en Nouvelle-Écosse, la majorité des maisons avaient été incendiées, ainsi que lors de la déportation des Acadiens et des Français de l'île Royale. Les Britanniques détruisirent peut-être seulement quelques maisons à Port-la-Joye afin de réutiliser les matériaux pour la construction du fort Amherst. Malheureusement, les maisons conservées n'étaient pas toutes en bon état puisqu'elles étaient abandonnées et qu'elles n'avaient pas été entretenues depuis au moins cinq ans. Les Britanniques gardèrent les maisons intactes puisqu'ils prévoyaient remplacer les Acadiens par de bons citoyens britanniques. La guerre retarda l'arrivée de ceux-ci.

142. *Ibid.*, p. 134.

Chapitre 7

Les Acadiens pourchassés par les Britanniques

La « chasse à l'homme » ou le sort des Acadiens fugitifs

Plusieurs Acadiens trouvèrent refuge en Acadie française (maintenant le Nouveau-Brunswick), soit dans les alentours de l'établissement de Sainte-Anne-des-Pays-Bas situé sur la rivière Saint-Jean, soit au camp d'Espérance, situé sur les berges de la rivière Miramichi, ou encore au village de Petite-Rochelle, située à l'embouchure de la rivière Ristigouche, dans la baie des Chaleurs, ainsi que le long des côtes gaspésiennes. Parmi ces Acadiens, certains étaient de retour en terre acadienne après avoir été déportés en 1755, d'autres étaient les passagers du fameux *Pembroke*, d'autres aussi avaient réussi à s'évader du fort Lawrence alors que d'autres s'étaient exilés des îles Royale et Saint-Jean. Tous vivaient dans la misère et le dépouillement. Ils survivaient grâce aux secours provenant de Québec. Comme c'était officiellement la guerre, les divers camps de réfugiés manquaient régulièrement d'approvisionnement. Par exemple, au camp d'Espérance, « on estime que plus de 1 000 personnes y sont mortes de faim et de maladies[143] ».

> Plus tard, l'un des officiers de Wolfe, le brigadier James Murray, signala qu'il avait appris que de nombreux réfugiés acadiens s'étaient établis à environ 10 lieues en aval de la rivière Miramichi, et qu'il se trouvait des familles parmi eux qui avaient fui l'île Saint-Jean depuis la prise de Louisbourg. Toutes mouraient de faim. Selon Murray, elles

143. *Ibid.*, p. 43.

> avaient expédié leurs effets au Canada, où elles espéraient se rendre sous peu[144].

Malgré cette misère, les Acadiens furent pourchassés par les Britanniques. En effet, à la mi-février 1759, des militaires britanniques, sous la direction de Moses Hazen, sillonnaient la rivière Saint-Jean. Ils trouvèrent un nombre d'Acadiens réfugiés dans la région de Sainte-Anne-des-Pays-Bas, les capturèrent et firent brûler 147 maisons, deux églises et les bâtiments de ferme. Toutefois, plusieurs Acadiens avaient réussi à s'enfuir... En juin 1759, 152 Acadiens du Cap-Sable sont emprisonnés à Georges Island, en face d'Halifax. Ce groupe d'Acadiens fut déporté le 10 novembre 1759, en direction de l'Angleterre.

Pendant ce temps-là, les attaques des Anglais se poursuivaient contre la Nouvelle-France, et Québec capitula le 13 septembre 1759, ce qui mit fin au ravitaillement des Acadiens réfugiés dans la baie des Chaleurs et à Miramichi. C'est pourquoi, deux mois plus tard, plusieurs Acadiens abandonnèrent la lutte à la survie. En effet, le 16 novembre, 190 Acadiens de Petitcodiac et de Memramcook se rendirent au fort Cumberland, l'ancien fort acadien Beauséjour. Puis, le 18 novembre, c'était au tour de 700 Acadiens de Miramichi, de Richibouctou et de Bouctouche d'en faire autant. « En mars 1760, Lawrence estime que douze cents proscrits de la région de Chignectou se sont livrés au commandant de Cumberland[145]. »

Au printemps 1760, trois vaisseaux français qui se rendaient à Québec s'abritèrent à Petite-Rochelle, dans la baie des Chaleurs. Les Français trouvèrent 800 Acadiens qui s'y étaient réfugiés. Lorsque les Anglais apprirent la nouvelle, ils s'y rendirent et engagèrent les combats avec les Français et les Acadiens. La bataille dura du 27 juin au 8 juillet. Après le départ des

---

144. Earle Lockerby, *La déportation des Acadiens de l'Île-du-Prince-Édouard*, Montréal, Éditions au Carré, 2010, p. 94-95.

145. Guy Frégault, « La déportation des Acadiens », *Revue d'Histoire de l'Amérique française*, vol. VIII. nº 3, décembre 1954, p. 346.

Anglais, Petite-Rochelle (Ristigouche) demeura un lieu privilégié pour les réfugiés acadiens. En effet, au recensement du 24 octobre 1760, on y trouvait 170 familles acadiennes, soit 1 003 personnes.

En 1761, on trouvait encore beaucoup d'Acadiens en Acadie française. Ainsi, il y aurait 220 familles acadiennes, soit 1 300 personnes, dans la baie des Chaleurs et dans la région de Miramichi. Un groupe d'Acadiens s'établissent aux Îles-de-la-Madeleine. Dans la région de Chignectou, il y avait 60 familles, soit 340 personnes. En Nouvelle-Écosse, on dénombrait 794 réfugiés. Il ne faut pas oublier les prisonniers dans les divers forts. On comptait 90 familles, soit 445 personnes, à Halifax; 46 familles, soit 217 personnes, au fort Edward de Pisiguit, ainsi que des Acadiens incarcérés au fort Cumberland et au fort d'Annapolis Royal. Le 25 juillet 1762, le sort des Acadiens restés en la Nouvelle-Écosse fut décidé : ils seraient déportés à leur tour. C'est le 18 août 1762 que 1 500 Acadiens emprisonnés en Nouvelle-Écosse furent expulsés à Boston, au Massachusetts. Toutefois, l'Assemblée législative du Massachusetts[146] refusa d'accueillir les déportés acadiens et renvoya le convoi de cinq navires à Halifax, où les Acadiens furent de nouveau emprisonnés.

La chasse aux Acadiens se termina avec le traité de Paris le 10 février 1763. Les Acadiens incarcérés dans diverses prisons anglaises furent libérés. On assista à plusieurs tentatives de réunifications familiales. Les Acadiens gardés captifs en Angleterre furent pour la plupart rapatriés en France. Il y eut aussi plusieurs projets d'implantation des Acadiens en France et dans les colonies américaines restées françaises, notamment aux îles Saint-Pierre-et-Miquelon, aux îles Malouines (Falkland Islands) et en Guyane française.

146. *Ibid.*, p. 349.

En terminant, il est important de se souvenir que la Déportation des Acadiens a été considérée par les Britanniques comme étant « indispensable pour assurer la tranquillité et la défense de la province [Nouvelle-Écosse] dans la situation critique de nos affaires, nous ne doutons pas que Sa Majesté approuve la conduite que vous avez suivie[147]. » Même le révérend Nathaniel Appleton de Boston, au Massachusetts, dans son sermon du 9 octobre 1760, affirma que les Acadiens étaient « un obstacle à toute colonisation britannique dans cette province [Nouvelle-Écosse][148]. »

Les dates à retenir

1755 (28 juillet) :

Le gouverneur Lawrence décida du sort des Acadiens : ils seront déportés.

1755 (octobre à décembre) :

Déportation de 6 915 Acadiens de la Nouvelle-Écosse vers les 13 colonies de la Nouvelle-Angleterre.

1756 (printemps) :

Déportation d'environ 176 Acadiens de Cap-Sable et de Pobomcoup vers la Caroline du Nord. Ils furent redirigés vers New York et Boston.

1756 (vers le 10 mai) :

Déportation des Acadiens expulsés en Virginie vers l'Angleterre. Ils arrivèrent en juin.

1758 (août-septembre) :

Déportation d'environ 2 984 habitants de l'île Saint-Jean (Île-du-Prince-Édouard) et 2 379 habitants de l'île Royale (Cap-Breton) ainsi que 219 Acadiens du Cap-Sable vers la France et l'Angleterre, en 1758 et

147. Comme l'a dit George Montagu Dunk, président des lords commissaires du Commerce et des Colonies (*Board of Trade*), dans sa lettre adressée à Charles Lawrence, datée du 26 mars 1756. Placide Gaudet, *Le Grand Dérangement. Sur qui retombe la responsabilité de l'Expulsion des Acadiens*, Ottawa, Ottawa Printing Compagny, 1922, p. 46.

148. Guy Frégault, « La déportation des Acadiens », *Revue d'Histoire de l'Amérique française*, vol. VIII. nº 3, décembre 1954, p. 337.

1759. **Le TOTAL de la population déportée est maintenant d'environ 12 673 personnes, dont la très grande majorité est acadienne !**

1760 :

Bataille de Ristigouche.

1761 :

Un groupe d'Acadiens s'établit aux Îles-de-la-Madeleine.

1761 (octobre) :

Arrestation de plus de 240 Acadiens de Nipisiguit, de Caraquet et de Shippagan. Ils furent emprisonnés à Halifax.

1762 :

Déportation de 1 500 Acadiens emprisonnés en Nouvelle-Écosse vers Boston, mais renvoyés à Halifax. Cession de la Louisiane par la France à l'Espagne.

1763 (10 février) :

Traité de Paris, la France ne garda que les îles Saint-Pierre et Miquelon en Amérique du Nord. La proclamation royale de George III d'Angleterre, datée du 7 octobre 1763, confirma le tout.

En résumé

En 1749, l'arrivée de Cornwallis, nouveau gouverneur de la Nouvelle-Écosse, insuffla un vent de changement avec sa politique de colonisation anglaise. Il fit construire une nouvelle capitale à Halifax. Il fit venir dans la colonie 2 576 colons britanniques. De plus, il demanda aux Acadiens de prêter un serment d'allégeance sans condition. Cette nouvelle politique poussa un bon nombre d'Acadiens à quitter la Nouvelle-Écosse vers l'Acadie française (Nouveau-Brunswick), vers l'île Saint-Jean (Île-du-Prince-Édouard) et vers l'île Royale (Cap-Breton).

En 1754, les autorités anglaises déterminaient que les Acadiens n'avaient aucun droit sur leurs propriétés, s'ils ne prêtaient pas un serment d'allégeance absolue, sans condition. Au printemps suivant, Charles Lawrence confisqua les armes et les petits bateaux appartenant aux Acadiens. Malgré les tentatives de négociations de la part des délégués acadiens pour faire reconnaître leurs droits, le sort en était jeté : les Acadiens seraient déportés de la Nouvelle-Écosse. Les prêtres furent emprisonnés, puis déportés en Angleterre. Les premiers Acadiens à être arrêtés et gardés en captivité furent ceux de Beaubassin, le 10 août 1755. Les premiers bateaux chargés d'Acadiens quittèrent la Nouvelle-Écosse le 13 octobre et l'opération d'épuration ethnique se poursuivit jusqu'au 20 décembre 1755. L'opération s'étendit aux petits villages de la côte est en avril 1756. Un seul vaisseau fut dévié de sa trajectoire, pour se réfugier dans la rivière Saint-Jean : le *Pembroke*. C'est dans un grand désarroi que les Acadiens vécurent la déportation. Certains d'entre eux furent maltraités, des femmes furent violées et d'autres furent tués (voir pages 60-65). Au total, il y eut 6 915 déportés à l'automne de 1755 et environ 176 déportés au printemps de 1756. Les Acadiens furent entassés dans les cales des bateaux, où il manquait de tout, même de salubrité. Ils furent victimes, entre autres, de la variole, de la typhoïde et de la fièvre jaune. Malgré son geste immonde, Charles Lawrence fut félicité et promu au rang de gouverneur de la Nouvelle-Écosse. En Nouvelle-Angleterre, les Acadiens n'eurent pas tous le même traitement, soit comme prisonniers de guerre ou comme sujets de la Grande-Bretagne.

La guerre de Sept Ans fut officiellement déclarée au printemps de 1756. Dès lors, les soldats britanniques poursuivirent leur attaque contre l'Acadie française et s'attaquèrent à l'île Saint-Jean et à l'île Royale. Le gouverneur de l'île Royale capitula le 26 juillet 1758. À l'automne 1758, les Acadiens réfugiés à île Saint-Jean et à île Royale furent déportés en France et en Angleterre. En tout, il y eut environ 2 984 habitants de l'île Saint-Jean et 2 379 habitants de l'île Royale ainsi que 219 Acadiens réfugiés du Cap-Sable, en Nouvelle-Écosse. La traversée de l'océan Atlantique fut difficile pour les déportés de l'île Saint-Jean, une tempête fit rage, de sorte que les navires du convoi furent séparés. Après cette tempête, trois navires firent naufrage : le *Violet*, le *Duke William II* et le *Ruby*. On estime qu'un peu plus de la moitié des déportés périrent à bord des navires, soit par noyade ou trop malades.

De leur côté, les Acadiens restés en Nouvelle-Écosse et en territoire français furent pourchassés par les soldats. Certains furent arrêtés et déportés plus tardivement, alors que certains d'entre eux réussirent à se cacher en forêt et certains à rendre au Québec. En 1762, les 1 500 Acadiens emprisonnés en Nouvelle-Écosse furent expulsés à Boston, au Massachusetts. Toutefois, ils furent renvoyés à Halifax et emprisonnés de nouveau.

Troisième partie

Les réfugiés acadiens dans la colonie canadienne 1755-1775

L'histoire des Acadiens qui se sont réfugiés au Québec est un sujet peu connu et souvent escamoté dans les cours d'histoire. Pourtant, ces Acadiens représentent un apport important lors de la reconstruction de la colonie après la guerre de Sept Ans, notamment sur le plan démographique. En effet, environ 2 650 Acadiens arrivent au Canada entre 1755 et 1775. Certes, ils ne sont pas tous arrivés en même temps. La première vague d'arrivée des réfugiés acadiens se situe entre 1755 et 1763 ; ce qui correspond à environ 1 850 personnes. La deuxième vague, ce sont les Acadiens déportés en Nouvelle-Angleterre qui sont venus s'installer dans la *Province of Quebec* entre 1766 et 1775, et ce, après avoir obtenu la permission du général James Murray ; ce qui correspond à environ 800 personnes. De plus, plusieurs témoignages des autorités de l'époque illustrent la réalité de ces réfugiés acadiens.

Chapitre 8

Préambule concernant l'arrivée des Acadiens

L'arrivée des premiers Acadiens

Il existe plusieurs écrits sur l'établissement des Acadiens qui se réfugièrent au Québec après les événements de l'automne 1755. Le nombre de ces derniers varie aussi selon les auteurs. Certains ont fait des estimations, d'autres ont arrondi les chiffres. John A. Dickinson, de l'Université de Montréal, fit une étude sur la question en 1994 :

> En effet, en faisant le relevé de tous les individus d'origine acadienne ayant été présents lors d'un événement consigné dans les registres d'état civil du Québec on peut arriver à une estimation plus précise que les précédentes. Malheureusement, il est difficile de préciser la date exacte de leur arrivée du fait qu'on ne connaît que la première fois qu'ils sont présents au Québec. Cette recherche permet d'identifier 2 383 personnes dont la date de première mention dans les registres s'étale entre 1755 et 1775[149].

Il est vrai d'affirmer qu'il est difficile d'établir quand arrivèrent tous les Acadiens, surtout que certains d'entre eux arrivèrent sur de petites embarcations non identifiées. De plus, le nombre de 2 383 Acadiens, identifiés par Dickinson, correspond uniquement à ceux dont les noms furent inscrits dans les registres. Toutefois, en lisant plusieurs documents de l'époque, on arrive à trouver plusieurs dates d'arrivée d'Acadiens ainsi que quelques noms de bateaux. Ces documents sont :

---

149. John A. Dickinson, « Les réfugiés acadiens au Canada, 1755-1775 », *Études Canadiennes/Canadian Studies*, n° 37, décembre 1994, p. 55.

A) Les journaux des officiers militaires :

1. Celui du marquis de Montcalm
2. Celui du chevalier François-Gaston duc de Lévis
3. Celui de Louis-Antoine de Bougainville
4. Celui du maréchal Desandrouins
5. Celui du siège du Québec (auteur inconnu).

B) Les diverses lettres :

1. Celles du gouverneur général de la Nouvelle-France, le marquis Pierre de Rigaud de Vaudreuil de Cavagnial
2. Celles du commissaire ordonnateur à Louisbourg, Jacques Prévost
3. Celles de l'intendant François Bigot
4. Celles du chevalier François-Gaston duc de Lévis.

C) Les mémoires :

1. Du notaire royal Louis-Léonard Aumasson de Courville
2. Du commandant Charles Deschamps de Boishébert, officier militaire à Miramichi,
3. De l'intendant François Bigot.

D) Autres :

1. Les diverses notes de Jean-Félix Récher, curé de Québec, dans les registres de Notre-Dame-de-Québec
2. Le journal *The Quebec Gazette*.

La plupart des Acadiens qui se réfugièrent au Québec provenaient surtout de l'île Saint-Jean (l'Île-du-Prince-Édouard) et de Miramichi (au Nouveau-Brunswick), qui était le lieu privilégié pour les réfugiés. Voici ce qu'écrit le gouverneur Vaudreuil à ce sujet, le 6 août 1756 :

> Tous les accadiens m'ont envoyé des députés qui ont représenté à M. L'intendant et à moy que **Miramichis est le seul endrois où ils peuvent se retirer pour y subsister l'hyver prochain** [décembre 1756-mars 1757]. Que la peche y est abondante et que pour peu qu'on leur envoye des secours de Québec, ils espèrent de s'y soutenir au lieu qu'on ne pourroit leur en procurer à la Rivière St. Jean à cause de la difficulté du transport par Thémiscouata. Nous leur avons accordé leur demande. **J'ay donné ordre à M. de Boishébert de faire passer à Miramichis tous les accadiens qui sont à Cocagne, de même que toutes les familles qu'il ne pourra faire subsister à la Rivière St. Jean et ses environs**, et de les occuper à faire des angards pour recevoir et mettre les vivres que M. l'intendant va y faire passer[150].

Miramichi, surnommé le camp d'Espérance, était situé, selon le père spiritain François Le Guerne, à « [...] 10 lieues au-dessus de la mission des sauvages dans un lieu affreux, où l'on a jamais rien semé, où il n'y a point de chasse et peu à pescher[151]. »

Ces Acadiens sont venus au Québec pour alléger le problème de surpopulation et de famine que vivaient ces réfugiés dans ces endroits (île Saint-Jean et Miramichi). Ils commencèrent à arriver à Québec dès l'été 1756, et ce, seulement lorsqu'ils eurent l'autorisation du gouverneur général de la Nouvelle-France, le marquis de Vaudreuil.

Dans une lettre de Vaudreuil destinée au ministre et datée du 6 août 1756, on y apprend que :

> La disette de vivres a obligé M. de Boishébert de faire passer sur l'isle St-Jean 49 familles il en a aussy *envoyé quelque unes à Québec*[152].

150. Lettre de Monsieur Vaudreuil de Cavagnial au ministre, Montréal, 6 août 1756. Archives nationales du Canada (ANC), Série C11A vol. 101, f. 81v-82r. n° MIKAN : 3072848.

151. Charles-Octave Gagnon, *Lettre de M. l'abbé Le Guerne missionnaire de l'Acadie*, Québec, Imprimerie Générale A. Côté et Cie, 1889, p. 29.

152. Lettre de Vaudreuil de Cavagnial au ministre, Montréal, 6 août 1756. Archives nationales d'outre-mer (ANOM, France), COL C11A 101/fol.78-83.

Dans une autre lettre de Vaudreuil destinée au ministre et datée du 7 août 1756, à Montréal, on y apprend que :

> La misère est grande dans l'isle St-Jean, la plupart des habitants sont sans pain M. de Villejouin ayant nourri depuis l'automne 1 257 personnes réfugiés ; il en a reçu ce printemps 230 de Cocagne, *mais il a été obligé de faire passer quelques familles à Québec par ordre de M. de Drucour* et suivant mes intentions, il s'est débarassé des habitants les moins laborieux[153].

On envoyait donc les Acadiens qui n'étaient pas en santé et qui n'étaient pas en mesure de prendre soin d'eux, à Québec. Ce n'est donc pas surprenant de constater et de comprendre le taux élevé de mortalité chez les Acadiens réfugiés dans la région de Québec. En effet, 488 Acadiens décédèrent uniquement à Québec entre 1756 et 1759[154], correspondant à environ 26 % des Acadiens réfugiés entre 1756 et 1763.

C'était sur des bateaux de ravitaillements que la très grande majorité des Acadiens firent le voyage pour se rendre à Québec. Après le traité de paix de 1763, ce fut les Acadiens déportés dans les treize colonies de la Nouvelle-Angleterre, dont la plupart provenaient du Connecticut et du Massachusetts, qui s'établirent au Québec.

Qu'est-ce qui amène les Acadiens à Québec ?

Peu d'Acadiens s'installèrent dans la ville de Québec après la Déportation. Québec était en fait un lieu de transition et de refuge temporaire. À Québec, on pouvait y obtenir plusieurs informations sur la situation en Acadie et sur les réfugiés acadiens. En effet, les autorités canadiennes, tel l'évêque, le curé

---

153. Lettre de Vaudreuil de Cavagnial au ministre, Montréal, 7 août 1756. Archives nationales d'outre-mer (ANOM, France), COL C11A 101/ fol.84-87v.

154. John A. Dickinson, « Les réfugiés acadiens au Canada, 1755-1775 », *Études Canadiennes/Canadian Studies*, nº 37, décembre 1994, p. 58.

de Notre-Dame-de-Québec, les seigneurs, les officiers militaires ainsi que le gouverneur étaient des personnes-ressources pour les Acadiens qui débarquaient à Québec. Peu après leur arrivée, les autorités canadiennes les dirigeaient vers un refuge sécuritaire. Parmi les premiers Acadiens arrivés à Québec, un certain nombre d'entre eux furent très rapidement dirigés dans la seigneurie de Saint-Michel Livaudière.

Louis-Léonard Aumasson de Courville, notaire royal de l'Acadie française du 28 mai 1754 au 16 juin 1755[155] et notaire royal dans la région de Québec lors de la guerre de Sept Ans, nous racontait sa version des faits concernant les Acadiens dans son « Mémoire du Canada » (1749-1760) :

> L'hiver de mil sept cent cinquante-six [janvier à mars 1756] fut des plus rudes, tant par le défaut de vivres que par la misère du peuple. On avait transporté de Miramikick [Miramichi] à Québec un grand nombre de familles acadiennes, qui n'avaient pas mieux demandé que d'y venir, croyant trouver du soulagement. L'intendant les avait fait loger chez des particuliers en payant, et leur faisait donner la ration ; mais le comestible étant devenu rare, par la raison que j'ai dite, ils se virent aussi malheureux qu'à Miramikick. On leur retrancha totalement le pain. [Joseph-Michel] Cadet, qui, sans être encore munitionnaire, en faisait les fonctions, leur donna de la morue salée à la place, et, trouvant sans doute que la viande de bœuf était trop bonne pour eux, il leur distribua du cheval. Bientôt ces pauvres gens languirent, la plupart moururent ; il n'en échappa que très peu. Il est vrai que ceux qui voulurent prendre des terres furent un peu mieux traité, mais à une condition assez singulière.
>
> La dame Péan [Marie-Françoise Pécaudy de Contrecœur] avait une seigneurie à portée de Québec, à l'endroit où est situé le moulin dont j'ai déjà parlé. Les Acadiens qui voulurent prendre des établissements, n'eurent de vivres qu'à la condition qu'ils iraient s'établir sur cette terre. En vain,

155. La date de la capitulation du fort Beauséjour.

> représenta-t-on qu'il était injuste que cette dame eût seule cette préférence, et qu'il devait être libre à chacun d'aller s'établir où il le jugerait le plus à propos. Ces discours ne servirent de rien, et on ne vit en Canada que deux établissements favorisés : celui de la terre de la dame Péan [future paroisse de Saint-Gervais], et celui de la terre de Vaudreuil-Cavagnial [Saint-Joseph-de-Beauce][156].

Dès leur arrivée, les Acadiens furent logés chez des Canadiens. Très tôt, Joseph-Michel Cadet, munitionnaire général des vivres au Canada, fut en charge de distribuer des rations aux Acadiens. Par exemple, les Acadiens réfugiés dans la seigneurie de Beaumont furent pris en charge par Joseph Roberge. Un contrat notarié devant Jean-Claude Panet et daté du 14 novembre 1756, lia Joseph-Michel Cadet et Joseph Roberge, afin que ce dernier donne « une demi livre de bœuf ou un quarteron de lard de quatre onces de poids par jour pendant six mois[157] » à chacun des Acadiens réfugiés dans la seigneurie.

156. Pierre-George Roy, « Mémoire du Canada » (Louis-Léonard Aumasson de Courville), *Rapport de l'archiviste de la province de Québec (RAPQ)*, tome 5, 1924-1925, p. 119.

157. Joseph-Edmond Roy, « Les Acadiens à Beaumont », *Bulletin des recherches historiques*, vol. 5, nº 6, juin 1899, p. 182.

Chapitre 9

Les réfugiés acadiens de 1755 à 1763

Les premiers réfugiés arrivent à Québec en 1755

En fait, pour être plus précis, les premiers réfugiés de l'île Saint-Jean arrivèrent à l'automne 1755. Certains étaient associés aux Acadiens, mais la majorité ne l'était pas… Il s'agissait de :

1. François Siriés, de la région de Cahors en France, et de son épouse Anne Hudon, de la région de Grenoble en France.
2. Joseph Bennet et de son épouse Jeanne Doillet, de la région de Cahors.
3. Jean Henry dit Maillardé et de son épouse Anne Barbe, de Suisse, qui avaient déserté Halifax en 1752.
4. Jacques Nicolas, de Picardie en France, et de son épouse Mary MacNamara, de Galloway en Irlande.
5. Jean Sèvre, de Saint-Hilaire, Pothiers, France, et de son épouse Marguerite Nogues (fille d'une Acadienne : Magdeleine Doiron et de François Nogues, de Piriac, Nantes, France).
6. François Turcot, d'Anjou, France, et de son épouse Catherine Doiron, une Acadienne. (Magdeleine et Catherine Doiron sont les filles de Jean Doiron et de Marie Trahan, des Acadiens.)

En avril 1756, sous l'ordre de François Bigot, intendant de la Nouvelle-France, ainsi que de Michel-Jean-Hugues de Péan, seigneur de Saint-Michel Livaudière, l'arpenteur Ignace Plamondon, père, arpenta et attribua des terres à François

Turcot, à Jean Sèvre, à Jacques Nicolas, à François Siriés, à Michel Vienneau, à Joseph Bennet et à Jean Maillardin (Jean Henry dit Maillardé). Ils furent les premiers concessionnaires des terres de la future municipalité de Saint-Gervais, dans le comté de Bellechasse.

Malgré leurs origines autres qu'acadiennes, à l'exception de Marguerite Nogues et de Catherine Doiron, les nouveaux concessionnaires d'une terre dans la seigneurie de Saint-Michel Livaudière, furent considérés comme étant des réfugiés acadiens dans les actes du notaire Jean Antoine Saillant, de Québec : Jacques Nicole, le 25 septembre 1758 ; Jean Bennet dit Sanspeur, le 29 septembre 1758 ; Michel Vienneau, le 29 septembre 1758 ; Jean Sèvre (Serre), le 2 octobre 1758 ; Jean Henri Maillardin, le 6 octobre 1758 ; et François Sirié, le 26 octobre 1758.

Qui était ce Michel Vienneau ? Était-il Acadien ? Non ! Le couple Michel Vienneau et Thérèse Baude fit baptiser leur fils Joseph, le 14 novembre 1751, à Notre-Dame-de-Québec. Cette famille était originaire de Saint-Martin de Bollène, diocèse de Saint-Paul-Trois-Châteaux, en Dauphiné, France.

J'établis l'hypothèse qu'ils arrivèrent à Québec à l'automne 1755, soit au plus tard au mois d'octobre, puisque la navigation sur le fleuve semblait ne se faire que du mois de mai au mois d'octobre.

Nous pouvons constater que le fleuve n'était pas encore ouvert à la navigation à la mi-avril, selon une lettre de Vaudreuil de Cavagnial au ministre concernant Gaspé, datée du 19 avril 1757, à Montréal :

> J'y feray passer dès l'ouverture de la navigation quelques petits secours pour mettre le Sr Révol [Pierre Révol, Gaspé] en état de s'y maintenir ou du moins d'opposer aux anglais quelque résistance[158].

---

158. Lettre de Vaudreuil de Cavagnial au ministre concernant Gaspé, Montréal, 19 avril 1757. Archives nationales d'outre-mer (ANOM, France), COL C11A 102/fol.17-18.

On apprend aussi que la navigation sur le fleuve se terminait à l'époque vers la fin du mois d'octobre et quelques fois vers le 15 novembre, selon les dires de Joseph-Nicolas Gauthier, habitant de l'île Saint-Jean, dans son récit daté de 1756 :

> La communication par mer, étant pour l'ordinaire totalement interrompuë à la fin d'octobre, où au plus tard au 15 9bre [novembre], les gouverneurs du Canada et de l'Isle Royale, s'envoyent une fois pendant l'hyver (le plus communément à la fin de mars) des courriers, pour informer de ce qui s'est passé d'interressant dans leur pays depuis l'interruption de la navigation[159].

Donc les Acadiens arrivèrent dans la colonie canadienne entre les mois de mai et d'octobre inclusivement.

L'inhumation d'une Acadienne et de sa fille eut lieu à l'automne 1755, à Québec. Il s'agissait d'Ursule Robichaud, inhumée le 24 septembre 1755, à Notre-Dame-de-Québec. Elle était l'épouse de Jean Stile (John Steele) et la fille de Joseph Robichaud et de Marie Forest, des Acadiens de Port-Royal. Ensuite, ce fut l'inhumation de leur fille, Pélagie Stile, le 28 septembre 1755, à Notre-Dame-de-Québec. La famille Robichaud-Stile quitta l'Acadie au plus tard au mois d'août 1755, et ce, avant la convocation de John Winslow, au nom du gouverneur Charles Lawrence, le 2 septembre 1755, concernant l'arrestation des Acadiens du 5 septembre 1755. John Steele (Jean Stile), un Britannique, devait connaître les intentions des autorités anglaises envers les Acadiens. Cela expliquerait pourquoi la famille Robichaud-Stile s'exila à Québec. Toutefois, elle ne semblait pas savoir que le Canada était pour être ensuite sous attaque. Il faut se souvenir que la guerre de Sept Ans ne commença qu'au printemps 1756.

---

159. Voyage. En hyver, et sur les glaces de Chédaïque à Québec. 1756. Archives nationales d'outre-mer (ANOM, France), COL C11E 4/fol.134-137v.

L'arrivée des Acadiens à Québec en 1756

Le ***premier*** transport d'Acadiens arriva à Québec vers le 22 juin 1756; ils étaient à bord d'une goélette. Il y avait environ 200 Acadiens réfugiés de l'île Saint-Jean[160].

> Certains, comme Jacob Horn et Françoise Savard qui a accouché à bord du navire qui les menait à Québec[161].

Puis, on apprend l'arrivée d'une goélette à Québec, dans une lettre du gouverneur Vaudreuil, datée du 26 juin 1756, à Montréal[162] :

> Nous avons su que le capitaine d'une goélette qui monte de l'isle St-Jean à Québec a dit au commandant de celle que j'avais envoyé à la découverte qu'il y avait une frégatte, un senault et deux barges qui croisaient entre l'isle St-Jean et la baye Verte, mais ces forces de l'ennemy ne sauraient s'opposer au passage[163].

En effet, Louis Horn fut baptisé le 27 juin 1756, à Notre-Dame-de-Québec; il était dit né le treize juin[164]. La goélette partit vraisemblablement de Port-la-Joye, île Saint-Jean, le 4 juin. Malheureusement, je ne suis pas parvenu à identifier le nom de la goélette qui les apporta à Québec.

---

160. « Les premiers arrivés à Saint-Michel Livaudière faisaient sans doute partie du groupe des 200 [Acadiens], venus par bateau à Québec en 1756. » Pierre-Maurice Hébert, *Les Acadiens du Québec*, Montréal, Éditions de L'Écho, 1994, p. 108.

161. *Ibid.*, p. 108.

162. Le voyage de Québec à Montréal est d'environ trois jours de transport en bateau. C'est cela que j'avance l'hypothèse que la goélette est arrivée le 22 juin.

163. Lettre de Vaudreuil de Cavagnial au ministre, Montréal, 26 juin 1756. Archives nationales d'outre-mer (ANOM, France), COL C11A 101/fol.39-40v.

164. « Le 27 juin 1756. – Jacques Horne et Françoise Savary, récemment arrivés de l'Ile Saint-Jean, font baptiser Louis, leur enfant, né le 13 du même mois sur le navire qui les conduisait à Québec. (Reg. de Québec). » Cyprien Tanguay, *À travers les registres*, Montréal, Librairie Saint-Joseph/Cadieux & Derome, 1886, p. 162.

Selon les registres de Notre-Dame-de-Québec, ces premières familles acadiennes, et réfugiées de l'île Saint-Jean, étaient :

1. Jacob (Jacques) Horn et Françoise Savary
2. Jean Horn et Josephte Savary
3. Mathieu Nagle (Matthew Nagel) et Salomée Chenaiterin
4. Augustin Wolfe (Olfs) et Catherine Querine
5. Jean Bernard et Françoise Richard
6. Amand Comeau et Marie-Josèphe Babineau
7. Pierre Cormier et Judith Haché
8. Charles Gaudet et Marie Bastarache
9. Jacques Girouard et Marie Arseneau
10. Pierre LePrince et Félicité Bourgeois
11. François Marteau et Françoise Trahan
12. Jean Vivoir et Marguerite Haché

Évidemment, il y eut plus de familles que cela, puisqu'ils étaient au nombre de 200 personnes. Il est important de comprendre que cette liste correspond seulement aux familles dont sont témoins des actes religieux à l'église Notre-Dame-de-Québec.

Le 9 juillet 1756, Ignace Plamondon, père, arpenta et attribua des terres pour la deuxième fois dans la seigneurie de Saint-Michel Livaudière à Augustin Olfs, à Jacques Horn, à Mathieu Nagle et à Jean Horn.

Presque un mois après l'arrivée du premier contingent de réfugiés acadiens, l'évêque de Québec, Mgr Henri-Marie Dubreil de Pontbriand, écrivit dans une lettre datée du 23 juillet 1756 :

> Le sort des Acadiens m'afflige ; à en juger par ceux qui sont ici, ils ne veulent pas demeurer parmi nous[165].

165. Naomi E.S. Griffiths, *L'Acadie de 1686 à 1784. Contexte d'une histoire*, Moncton, Éditions d'Acadie, 1997, p. 120.

Il est important de comprendre que les Acadiens considéraient leur séjour temporaire. À la fin de la guerre, ils avaient l'intention de retourner vivre en Acadie.

Le ***deuxième*** transport d'Acadiens arriva à Québec vers le 27 août 1756[166]; ils étaient à bord de la goélette *La Flore*. Il y avait environ 200 Acadiens réfugiés de l'île Saint-Jean.

Dans une lettre du commissaire ordonnateur à Louisbourg, Jacques Prévost, destinée au ministre et datée du 27 septembre 1756, à Louisbourg, on y apprend que :

> J'ai l'honneur de vous annoncer que M. Bigot a fait passer par la goélette La Flore, heureusement de retour ici [Louisbourg] du voyage qu'elle a fait de l'isle St-Jean à Québec pour y porter des familles acadiennes[167].

Ensuite, dans le journal du marquis de Montcalm, on apprend que :

> On a fait venir à Québec et aux environs des familles acadiennes, auxquelles on a donné des établissements, et des sauvages malécites et micmacs, auxquels on a donné subsistance. A la fin d'août [1756][168].

Selon les registres de Notre-Dame-de-Québec, ces familles acadiennes étaient :

1. Antoine Bériau et Marie-Blanche Doucet
2. Bénoni Bourg et Marie-Josèphe Hébert
3. Pierre Bourgeois et Marie Richard
4. François Cormier et Madeleine Doucet

---

166. La lettre est datée du 27 septembre 1756 et écrite lors du retour de la goélette *La Flore* à Louisbourg; donc, 15 jours pour aller à Québec et 15 jours pour retour, donc ils arrivèrent vers le 27 août 1756.
167. Monsieur Prévost au Ministre, Louisbourg, 27 septembre 1756. Archives nationales d'outre-mer (ANOM, France), COL C11B 36/fol.134-136v.
168. Henri Raymond Casgrain, *Journal du marquis de Montcalm durant ses campagnes en Canada de 1756 à 1759*, Québec, Imprimerie de L.-J. Demers & frères, 1895, p. 113.

5. Amand Gaudet et Anne Bourg
6. Charles Gaudet et Marie Cormier
7. Charles Hébert et Catherine Saulnier
8. François Hébert et Anne Bourg
9. Joseph Hébert et Marie Vincent
10. Jean LePrince et Judith Richard
11. François Raymond dit Lurambourg
12. Jean-Baptiste Raymond et Marie-Josèphe Mius d'Azy (*Pembroke*, famille #19[169])
13. Jean Richard et Madeleine Bernard
14. Jean-Baptiste Richard et Marguerite Cormier
15. Joseph Richard et Françoise Cormier
16. Pierre Richard et Anne Gaudet
17. Louis Rousse (Roux dit Languedoc) et Marie Comeau
18. François Savoie et Marguerite Thibodeau
19. Étienne Trahan et Françoise Roy
20. Jean-Baptiste Trahan et Catherine Boudrot
21. Paul Trahan et Marie Boudrot

(Certaines de ces familles acadiennes pouvaient être arrivées à Québec vers le 22 juin 1756, avec le premier contingent.)

Le 4 octobre 1756, Ignace Plamondon, père, arpenta et attribua des terres pour la troisième fois dans la seigneurie de Saint-Michel Livaudière aux frères Trahan (Jean-Baptiste, Étienne et Paul) ainsi qu'à Charles Hébert (époux de Catherine Saulnier).

Les ***troisième*** et ***quatrième*** transports d'Acadiens arrivèrent à Québec vers le 18 octobre 1756 ; ils étaient à bord de la flûte *L'Outarde* et d'un langard (type de bateau de l'époque). Ce

---

169. La numérotation des familles est celle qu'a déterminée Paul Delaney dans son étude sur la reconstitution des familles qui furent dans le *Pembroke*. Paul Delaney, « La reconstitution d'un rôle des passagers du *Pembroke* », *Les Cahiers de la Société historique acadienne*, vol. 35, n°s 1 et 2, janvier-juin 2004, p. 4-76.

dernier fut redirigé vers l'île d'Orléans, le 26 octobre 1756[170] qui fut désignée comme lieu de leur prochain refuge. Il y avait 200 Acadiens réfugiés de l'île Saint-Jean. Il semble que le père Jean-Baptiste de La Brosse, missionnaire jésuite, fit le voyage avec eux[171].

Dans une lettre du commissaire ordonnateur à Louisbourg, Jacques Prévost, destinée au ministre de la Marine et datée du 27 septembre 1756, à Louisbourg, on y apprend que :

> Le chevalier de Drucour a donné des ordres aux sieurs de Villeray et au chevalier de Vannes, officiers cy devans employés à Beauséjour, de se rendre à Québec auprès du M. le Marquis de Vaudreuil et je leur ay procuré leur embarcation sur deux bâtiments différents. [...] Monseigneur, qu'il expédie la flûte L'Outarde et un langard pour vous rendre compte de la destruction totale de ce port[172].

Dans un extrait d'une lettre de l'intendant Bigot, destinée au ministre de la Marine et datée du 27 octobre 1756, on y apprend que :

> En octobre 1756, deux bateaux, chargés de deux cents Acadiens, arrivèrent à Québec ; ils furent distribués dans les paroisses de l'île d'Orléans ; car il y en avait déjà quatre cents à Québec. On leur donna des rations[173].

170. Firmain Migneau, fils de Jean et de Marie Bernard, d'Acadie, fut inhumé le 25 octobre 1756, à Notre-Dame-de-Québec.

171. Il était le compagnon de mission du père Charles Germain, à Saint-Anne-des-Pays-Bas, rivière Saint-Jean, et ce, depuis l'automne 1755. Il aida donc les Acadiens qui avaient fui la Déportation. Léo-Paul HÉBERT, « La Brosse, Jean-Baptiste de », *Dictionnaire biographique du Canada* [En ligne], 2000, [http://www.biographi.ca/009004-119.01-f.php?&id_nbr=2002] (Consulté le 14 mars 2013).

172. Monsieur Prévost au Ministre, Louisbourg, 27 septembre 1756. Archives nationales d'outre-mer (ANOM, France), COL C11B 36/fol.134-136v.

173. Henri-Raymond CASGRAIN, *Un pèlerinage au pays d'Evangéline*, Québec, Imprimerie de L.-J. Demers & frères, 1887, p. 205.

Selon les registres de Notre-Dame-de-Québec, ces familles acadiennes qui étaient à bord de la flûte *L'Outarde* qui restèrent à Québec étaient :

1. Antoine Boudrot et Marie LeBlanc
2. Charles Bourgeois et Marie Bourg
3. Pierre Henry Dominé et Magdeleine Forest
4. Joseph Forest et Josephte LaBauve
5. Bernard Gaudet et Cécile Thibodeau
6. Charles Hébert et Marie-Charlotte Thibault
7. Jacques Hébert
8. Jean Hébert et Anne Gravois
9. Honoré Landry et Marie Cormier
10. Pierre Landry et Marie-Josèphe Aucoin
11. Étienne Migneau et Madeleine Cormier
12. Jean Migneau et Marie Bernard
13. Pierre Richard et Anne Bourg
14. René Roy et Marie Daigle

(Certaines de ces familles acadiennes pouvaient être arrivées à Québec vers le 29 août 1756, à bord de la goélette *La Flore*.)

Par déduction et selon les registres des paroisses de l'île d'Orléans, ces familles acadiennes qui étaient à bord du langard et qui furent redirigées vers l'île d'Orléans étaient :

1. Philippe Doiron et Ursule Lejeune
2. Jean-Baptiste Lejeune et Marguerite Clémenceau[174]
3. Joseph Lejeune et Anne-Théotiste Brasseur (cousin d'Ursule, de Jean-Baptiste et de Marguerite Lejeune)
4. Joseph Lucas et Marguerite Lejeune
5. Jean Trahan et Marie Girouard (oncle d'Ursule, de Jean-Baptiste et de Marguerite Lejeune)

---

174. Les ancêtres de l'auteur.

Total des Acadiens arrivés au Québec, en date du 27 octobre 1756 : environ **600**.

Les réfugiés du *Pembroke*

Tel que mentionné dans la deuxième partie, un seul vaisseau fut dévié de sa trajectoire lors de la Déportation : le *Pembroke*. En effet, une révolte éclata sur ce navire, qui était parti d'Annapolis Royal, le 8 décembre 1755, en direction de la Caroline du Nord. Les Acadiens réussirent à détourner le bateau vers la rivière Saint-Jean. Ils arrivèrent le 8 février 1756. Il y avait à bord 36 familles du hameau du Cap, de la banlieue d'Annapolis Royal, soit 232 personnes[175]. Ils passèrent l'hiver à Sainte-Anne-des-Pays-Bas (aujourd'hui Fredericton, Nouveau-Brunswick). Dans une lettre datée du 31 juillet 1756[176], signée par les « anciens habitants de Port Royal » et adressée à l'abbé Henri Daudin, ancien curé d'Annapolis Royal, ces derniers décrivent leur aventure sur le *Pembroke* ainsi que le fait qu'ils se préparaient à partir en destination du Canada, manquant de ravitaillement. Toutefois, une lettre du gouverneur Vaudreuil, datée du 6 août 1756, donne les instructions suivantes :

> Tous les accadiens m'ont envoyé des députés qui ont représenté à M. L'intendant et à moy que *Miramichis est le seul endrois où ils peuvent se retirer pour y subsister l'hyver prochain* [décembre 1756-mars 1757]. Que la peche y est abondante et que pour peu qu'on leur envoye des secours de Québec, ils espèrent de s'y soutenir au lieu qu'on ne pourroit leur en procurer à la Rivière St. Jean **à cause de la difficulté du transport par Thémiscouata**. Nous leur avons accordé leur demande. *J'ay donné ordre à M. de Boishébert de faire passer à Miramichis* ***tous les accadiens*** *qui sont à Cocagne, de même*

175. Paul Delaney, « La reconstitution d'un rôle des passagers du *Pembroke* », *Les Cahiers de la Société historique acadienne*, vol. 35, n°s 1 et 2, janvier-juin 2004, p. 4-76.

176. Copie d'une lettre de certains habitants de Port-Royal à feu Henri Daudin, rivière Saint-Jean, 31 juillet 1756. Archives nationales d'outre-mer (ANOM, France), COL C11A 87/fol.405-406.

> *que toutes les familles qu'il ne pourra faire subsister à la Rivière St. Jean et ses environs*, et de les occuper à faire des angards pour recevoir et mettre les vivres que M. l'intendant va y faire passer[177].

Également, voici un extrait d'une lettre du chevalier François-Gaston de Lévis au maréchal de Mirepoix, datée du 4 septembre 1757, écrite du camp de Carillon, qui expliqua quelles étaient les difficultés rencontrées lorsque les gens voulaient emprunter la route du portage du Témiscouata :

> A l'égard de l'Acadie, je ne pense pas que nous puissions y rien entreprendre de solide par le Canada. Nous n'avons que deux chemins pour nous y rendre. De Québec par la rivière Saint-Jean on peut arriver à la baie Françoise ; il y a deux cents lieues. De cette ville, on descend quarante lieues le fleuve Saint-Laurent, jusqu'à la Rivière du Loup[178] ; on remonte cette rivière ; après quoi, on fait le portage de Témiscosatac, qui a vingt lieues et au travers des montagnes, et l'on arrive au lac Témiscosatac, qui a sa décharge par la Rivière Madasaska dans la rivière Saint-Jean. **La navigation de la rivière Saint-Jean est difficile ; il y a plusieurs rapides et chûtes à passer** ; on ne peut se servir que de pirogues ou de canots d'écorce[179].

C'est ce qui explique que peu d'Acadiens remontèrent la rivière Saint-Jean pour se rendre au Canada. Ainsi, une quinzaine de familles acadiennes, dont les membres de la famille de Jean-Baptiste Raymond et de Marie-Josèphe Mius d'Azy (*Pembroke*, famille #19) le firent et s'installèrent entre Trois-Pistoles et Montmagny. Jean-Baptiste Raymond et Marie-Josèphe Mius d'Azy, ainsi que leur fille Anne demeurèrent à

177. Lettre de Monsieur Vaudreuil de Cavagnial au ministre, Montréal, 6 août 1756. Archives nationales du Canada (ANC), Série C11A vol. 101, f. 81v-82r. nº MIKAN : 3072848.
178. Il semble que ce soit Trois-Pistoles et non Rivière-du-Loup.
179. Henri Raymond Casgrain, *Lettres du chevalier de Lévis concernant la guerre du Canada (1756-1760)*, Montréal, C.O. Beauchemin & fils, Librairies-Imprimeurs, 1889, p. 148.

Kamouraska[180], alors que les autres membres de la famille poursuivirent leur périple en direction de Québec[181].

Les trente-cinq autres familles des rescapés et survivants se réfugièrent au camp de l'Espérance à Miramichi. Par la suite, la majorité des familles s'expatrièrent à Québec à l'été 1757, soit vers le 10 juillet 1757 et vers le 18 août 1757. Alors que les autres se retrouvèrent à Ristigouche et à Caraquet. Il est important de souligner que certaines familles purent arriver à l'automne 1757 ou plus tardivement.

Selon les registres de Notre-Dame-de-Québec, ces familles acadiennes arrivèrent vers le 10 juillet 1757 :

1. Ambroise Melanson et Marguerite Comeau (*Pembroke*, famille #29[182])

Par déduction[183], les familles suivantes firent partie du groupe, puisqu'elles étaient affiliées à la première :

2. Alexandre Guilbeau et Marguerite Girouard (*Pembroke*, famille #12)
3. Jean-Baptiste Landry dit Toc et Marguerite Melanson (*Pembroke*, famille #24)
4. Anne Melanson, veuve de Joseph Landry (*Pembroke*, famille #25)
5. Charles Melanson et Jeanne Bourg (*Pembroke*, famille #26)

---

180. Leur fille Marie-Anne Raymond est inhumée le 10 septembre 1757, à Saint-Louis de Kamouraska.

181. Leur fille Rosalie Raymond fut inhumée le 7 septembre 1756, à Notre-Dame-de-Québec.

182. La numérotation des familles est celle qu'a déterminée Paul Delaney dans son étude sur la reconstitution des familles qui furent dans le *Pembroke*. Paul DELANEY, « La reconstitution d'un rôle des passagers du *Pembroke* », *Les Cahiers de la Société historique acadienne*, vol. 35, n°s 1 et 2, janvier-juin 2004, p. 4-76.

183. Toutes ces familles font partie de la famille d'Ambroise Melanson, à l'exception d'Alexandre Guilbeau et de Marguerite Girouard.

6. Jean Melanson et Marie-Josèphe Lanoue (*Pembroke*, famille #27)
7. Marguerite Babineau, veuve de Claude Melanson (*Pembroke*, famille #30)
8. Marie-Marguerite Melanson, veuve de Simon Bebier dit Mâchefer (*Pembroke*, famille #31)
9. Charles Melanson et Anne Bourg (*Pembroke*, famille #32)
10. Jean-Baptiste Melanson et Anne Robichaud (*Pembroke*, famille #33)

Le premier acte religieux de ce groupe est celui d'Ambroise Melanson qui fut inhumé le 7 août 1757, à Notre-Dame-de-Québec.

Selon les registres de Notre-Dame-de-Québec, ces familles acadiennes arrivèrent vers le 18 août 1757 :

1. Joseph Landry et Anne Raymond (*Pembroke*, famille #15)
2. Pierre Doucet dit Maillard et Anne-Marie Dugas (*Pembroke*, famille #22)
3. Joseph Petitot dit Saint-Seine et Françoise Surette (*Pembroke*, famille #13)

Le premier acte religieux de ce groupe était celui de Thérèse Landry, fille de Joseph et d'Anne Rémond (Raymond), qui fut inhumée le 23 septembre 1757, à Notre-Dame-de-Québec.

Par déduction[184], les familles suivantes firent partie du groupe, puisqu'elles sont affiliées aux trois premières :

4. Charles Belliveau et Marguerite Granger (*Pembroke*, famille #1)
5. Denis Petitot dit Saint-Seine et Marguerite Landry (*Pembroke*, famille #4)
6. Jean-Baptiste Petitot dit Saint-Seine et Marie-Josèphe Granger (*Pembroke*, famille #5)
7. Pierre-Jacques Goudreau et Brigitte Petitot dit Saint-Seine (*Pembroke*, famille #6)
8. Anne Robichaud, fille de Prudent et d'Henriette Petitpas (*Pembroke*, famille #7)
9. Claude Landry et Anne Belliveau (*Pembroke*, famille #8)
10. Pierre Pellerin et Marie-Josèphe Belliveau (*Pembroke*, famille #9)
11. Charles Boudrot et Marie-Josèphe Petitot dit Saint-Seine (*Pembroke*, famille #11)
12. Jean-Baptiste Landry et Anne Petitot dit Saint-Seine (*Pembroke*, famille #14)
13. Pierre Landry et Euphrosine Doucet (*Pembroke*, famille #16)
14. Claude Landry et Marie Babineau (*Pembroke*, famille #17)
15. Charles Raymond et Madeleine Petitot dit Saint-Seine (*Pembroke*, famille #18)
16. Joseph Raymond et Marie-Josèphe Landry (*Pembroke*, famille #20)
17. Joseph Landry et Jeanne Robichaud (*Pembroke*, famille #21)

---

184. Toutes ces familles sont liées à l'une des trois premières identifiées. Voir Paul DELANEY, « La reconstitution d'un rôle des passagers du *Pembroke* », *Les Cahiers de la Société historique acadienne*, vol. 35, n°s 1 et 2, janvier-juin 2004, p. 4-76.

18. André Simon dit Boucher et Marguerite Doucet dit Maillard (*Pembroke*, famille #23)
19. Daniel Long et Marguerite Surette (*Pembroke*, famille #36)

Les familles suivantes se réfugièrent à Ristigouche (recensement 1760)

1. Joseph Guilbeau dit L'Officier et Madeleine Michel (*Pembroke*, famille #3)
2. Pierre (dit Grand Pierre) Boudrot et Madeleine Belliveau (*Pembroke*, famille #10)
3. Grégoire Pellerin et Cécile Préjean (*Pembroke*, famille #35)

Les familles suivantes se réfugièrent à Caraquet (recensement 1761)

1. Charles Dugas et Madeleine Melanson (*Pembroke*, famille #2)
2. Pierre (dit Parrotte) Melanson et Marie-Josèphe Granger (*Pembroke*, famille #28)
3. Charles (Charlot) Melanson et Anne Breau (*Pembroke*, famille #34)

Voici des extraits d'une lettre datée du 31 juillet 1756[185], signée par les « anciens habitants de Port Royal » et adressée à l'abbé Henri Daudin :

> Les gens du cap, les Boudrot, Charles DuGas et les Guillebaud, deux familles de Granger qui étaient dans un de ces navires se sont révoltés, et sans aucune défense des Anglais se sont rendus maîtres de navires et sont arrivés heureusement à la Rivière Saint-Jean, d'où nous avons l'honneur de vous écrire présentement ; nous y avons trouvé un accueil favorable dans la personne de M. de Boishébert,

185. Copie d'une lettre de certains habitants de Port-Royal à feu Henri Daudin, rivière Saint-Jean, 31 juillet 1756. Archives nationales d'outre-mer (ANOM, France), COL C11A 87/fol.405-406.

> commandant de cette seule place, qui appartienne aux Français dans l'Acadie.
>
> [...]
>
> Nous sommes sur le point de partir pour le Canada parce que les vivres sont fort rares ici. Nous osons espérer Monsieur, que sensible à nos malheurs, vous voudrez bien nous faire savoir de vos nouvelles et faire connaître au Roi de France, notre Sire, notre fidélité et l'attachement inviolable que nous avons pour sa personne sacrée car en vérité Monsieur et je ne doute pas que vous n'en ayez vu quelques preuves.
>
> [...]
>
> **Nous attendons avec patience l'issue de notre sort**, nous bénissons la main de Dieu qui nous frappe, pleinement convaincus qu'un homme fidèle à sa religion, et par conséquent à sa patrie, ne saurait jamais mal finir.

Nous sommes donc en mesure de constater que la très grande majorité des Acadiens du *Pembroke* attendirent les ordres des autorités canadiennes avant de quitter Sainte-Anne-des-Pays-Bas, à la rivière Saint-Jean.

Comme nous l'avons vu précédemment, les ordres du gouverneur Vaudreuil furent donnés dans sa lettre datée du 6 août 1756 :

> J'ay donné ordre à M. de Boishébert de faire passer à Miramichis **tous les accadiens** qui sont à Cocagne, de même que **toutes les familles qu'il ne pourra faire subsister à la Rivière St. Jean et ses environs**[186].

Voici ce qu'on peut lire dans le « Mémoire du Canada » (1749-1760), de Louis-Léonard Aumasson de Courville :

> [Été 1755] M. de Boishébert, qui commandait à la rivière St-Jean, après avoir brulé son fort, et s'être retiré dans les

186. Lettre de Monsieur Vaudreuil de Cavagnial au ministre, Montréal, 6 août 1756. Archives nationales du Canada (ANC), Série C11A vol. 101, f. 81v-82r. nº MIKAN : 3072848.

terres, se rendit, sur l'ordre de M. de Vaudreuil, à l'ancien fort de Gedaik, afin d'être à la portée de secourir les Acadiens. Les gouverneurs anglais faisaient embarquer par force ces infortunés, et les envoyaient dans leurs colonies. Les premiers furent déportés dans la colonie de la Virginie et autres provinces. Ceux qui s'échappèrent, abandonnèrent leurs biens, et se sauvèrent dans la profondeur des bois, d'où ils allaient trouver M. de Boishébert qui leur donnait des armes. Cent cinquante familles trouvèrent le moyen de passer à la rivière St-Jean et à l'île du même nom, d'où quelquefois les hommes allaient aux environs de Beauséjour ou du Port-Royal. Ils épiaient l'occasion de faire quelque coup sur les garnisons de ces deux endroits. M. Escot ayant fait embarquer [le 8 décembre 1755] sur une goélette une trentaine de ces malheureux [36 familles], ceux-ci se voyant les plus forts, résolurent de se soustraire aux Anglais, et de s'emparer de la goélette [*Pembroke*]. Lorsqu'ils furent à la hauteur de la rivière St-Jean, ils se saisirent du capitaine et des matelots anglais, les enfermèrent dans la cale, et firent route vers cette rivière, où étant entrés, la plupart se rendirent à Québec avec leurs prisonniers [sic[187]], tandis que les autres allaient rejoindre M. de Boishébert. Celui-ci les dirigea sur Miramikick. C'est un petit poste sur le golfe St-Laurent, où étaient depuis longtemps établis des Mikmaks, avec le P. Lacorne, Récollet, pour missionnaire.

Il était bien nécessaire qu'on les fît rassembler sur le bord de la mer, car il eût été plus difficile de les nourrir dans la profondeur des terres. Depuis près de deux ans, la colonie ne pouvait suffire à sa propre subsistance. [...] Le comestible manquait au point qu'il ne fut pas possible d'en envoyer assez à Miramikick pour la subsistance des Acadiens réfugiés. On s'embarrassa peu d'eux. On leur fit sentir que la seule pitié faisait encore agir en leur faveur. Aussi fallut-il qu'ils se réduisissent presque à mourir de faim. Il en périt

187. « Le nouveau capitaine [Charles Belliveau], quelques jours avant d'arriver à l'entrée de la rivière St-Jean, débarqua l'équipage anglais, et atteignit le port de St-Jean le 8 janvier 1756. » Placide GAUDET, « Un épisode de l'expulsion des Acadiens », *Bulletin des Recherches Historiques*, vol. 14, nº 1, janvier 1908, p. 43.

> un grand nombre, car ils furent obligés de manger du cuir bouilli pendant une grande partie de l'hiver, et d'attendre ainsi le printemps, qui devait, pensaient-ils, finir leur misère. Hélas ! ils n'étaient pas au bout[188].

Courville écrivit ses mémoires entre 1760 et 1765. C'est-à-dire que le texte fut écrit entre 14 et 19 ans après les événements de 1756. Comme on peut le constater, Courville a raison de mentionner que les rescapés du *Pembroke* rejoignirent Québec en grande majorité. Toutefois, il se trompe seulement sur le moment de leur arrivée, puisqu'ils arrivèrent à Québec en 1757, via Miramichi, à l'exception d'une famille (sur 36) qui arriva à l'automne 1756.

Les mémoires du commandant Boishébert et de l'intendant Bigot nous donnent davantage un aperçu de ce qui s'est passé sur le *Pembroke* :

> [1756.] Une lettre du sieur de Catalogne ayant rappellé le sieur de **Boishébert** à la rivière Saint-Jean, il laissa le commandement du camp de Schédaïk au sieur de Niverville, qui continua à favoriser le passage des Acadiens, dont on transporta environ six mille, tant en Canada, que dans l'isle Saint-Jean, avec une grande quantité de bestiaux. À peine le sieur de Boishébert étoit-il arrivé sur les bords de la rivière Saint-Jean, qu'il y vint un vaisseau nommé le *Pembrok* ; il étoit chargé de quarante [36] familles Acadiennes : un coup de vent avoit éloigné la frégate qui l'escortoit : & les Acadiens, se voyant les plus forts, obligèrent le capitaine de les mener à la rivière Saint-Jean, où ils furent très-bien reçus du commandant, qui fit les Anglois prisonniers, & brûla leur vaisseau. Il parcourut ensuite la côte de Peckcodamon-quanty ; & enleva avec quatre chaloupes, une goëlette Angloise, chargée de vivres & effets pour la garnison de Port-Royal ; elle étoit montée de quinze hommes & armée de huit pierriers : on y fit prisonnier le commandant de l'artillerie de Beau-Séjour.

188. Pierre-George Roy, « Mémoire du Canada » (Louis-Léonard Aumasson de Courville), *Rapport de l'archiviste de la province de Québec (RAPQ)*, tome 5, 1924-1925, p. 116.

M. de Villejoint manda dans le temps à M. de Niverville, de ne plus faire passer de familles Acadiennes dans l'isle Saint-Jean : mais il n'en étoit pas moins expédient pour la colonie de continuer le transport hors du pays, trop infesté par les Anglois pour nourrir tous les habitans[189].

[1756.] Les Anglois faisoient transporter à la Caroline 250 Acadiens [ils étaient 232], sur un Bâtiment escorté par une Frégate. Le mauvais tems ayant éloigné la Frégate, les Acadiens qui se trouvèrent les plus forts, obligèrent le Capitaine à les mener à la Rivière S. Jean, où le sieur Boishébert reçut les Acadiens, fit prisonnier le Capitaine & les Anglois qui se trouvoient sur le Bâtiment ; & il le fit brûler. [...] Tout ce détail est rapporté, dans la Lettre du sieur Bigot dont on vient de parler, & qui est du 12 Avril 1756[190].

L'arrivée des Acadiens à Québec en 1757

Il existe quatre sources qui nous divulguent le nombre d'Acadiens arrivés au Québec en 1757.

La première nous provient du journal du marquis de Montcalm, le 7 décembre 1757 :

> La petite vérole continue à faire de grands ravages parmi les Acadiens, ces malheureuses victimes de leur attachement pour la France ; de **dix-huit cents** qu'ils étoient, le nombre se réduira à bien peu, si cette affreuse maladie continue. Depuis quelques jours on les enterre par quinze et par vingt[191].

189. Procureur CLOS, *Mémoire pour le sieur de Boishébert, Capitaine, Chevalier de Saint Louis, ci-devant Commandant à l'Acadie*, Paris, Imprimerie de Moreau, 1763, p. 24.

190. Procureur CRESSONNIER, DUPONT et LALOURCÉ, *Mémoire pour Messire François Bigot, ci-devant intendant de justice, police, finance & marine en Canada accusé, contre Monsieur le procureur-général du roi en la commission, accusateur*, Paris, De l'imprimerie de P. Al. le Prieur, 1763, p. 178-179.

191. Henri Raymond CASGRAIN, *Journal du marquis de Montcalm durant ses campagnes en Canada de 1756 à 1759*, Québec, Imprimerie de L.-J. Demers & frères, 1895, p. 322.

La deuxième nous provient du journal du chevalier François-Gaston de Lévis :

> 8 décembre 1757 – M. le chevalier de Lévis répondit à leurs représentations que le cheval qu'il leur avoit fait donner étoit de bonne qualité ; que le peuple avoit la foiblesse et le préjugé de ne vouloir pas en manger ; que les soldats devoient penser différemment ; qu'ils n'ignoroient point que les troupes en avoient mangé à Prague et dans d'autres places assiégées et que l'on devoit se regarder en Canada dans le même cas, puisque le secours de vivres que le Roi avoit envoyé avoit été pris par les Anglois ; qu'il auroit attention qu'on leur délivrât du cheval de la bonne qualité, et qu'à cet effet il en faisoit porter et servir sur sa table et qu'il en mangeoit tous les jours ; qu'ils étoient mal informés de la situation et de l'état de la colonie ; qu'elle se trouvoit dans la plus grande disette ; qu'il y avoit longtemps que le peuple à Québec ne mangeoit point de pain ; qu'il y avoit **deux mille Acadiens** qui n'avoient pour toute nourriture que de la morue et du cheval ; que tous les officiers des garnisons de Québec et de Montréal étoient réduits à un quarteron de pain par jour ; que le gouvernement de Montréal étoit mieux fourni que les autres et que par conséquent les troupes qui y étoient avoient moins à souffrir que celles qui étoient à Québec[192].

La troisième nous provient d'une lettre de François Bigot, intendant de la Nouvelle-France, datée du 15 février 1758 :

> Encore **1 500 ou 1 600 Acadiens** sont à Québec. – 300 sont enlevés par la petite vérole. Plusieurs Acadiens meurent de faim à Miramichy, dans l'hiver 1756[193].

La quatrième nous provient du journal du maréchal Desandrouins :

---

192. Henri Raymond Casgrain, *Journal des campagnes du chevalier de Lévis en Canada de 1756-1760*, Montréal, C.O. Beauchemin & fils, Librairies-Imprimeurs, 1889, p. 122.

193. Lettre de Bigot, 15 février 1758. François-Edmé Rameau de Saint-Père, *Une colonie féodale en Amérique : L'Acadie. Tome 2*, Montréal/Paris, Éditions Granger frères, 1889, p. 382.

> «Dès le mois de septembre 1757, et pendant tout l'hiver [janvier à mars 1758], le peuple de Québec fut rationné à 4 onces de pain par jour et par personne ; et, à partir du mois d'avril, à 2 onces ! Les réfugiés Acadiens au nombre de 1 500, de tout âge, de tout sexe, étaient réduits au bœuf, au cheval et à la morue, sans pain[194] !

Il semble donc y avoir eu entre 1 500 et 1 800 Acadiens sur le territoire du gouvernement de Québec à la fin de l'année 1757. Le chevalier de Lévis semble avoir arrondi, pour ne pas dire surestimé, le nombre de réfugiés (2 000 Acadiens). Si on prend le temps d'examiner les chiffres de l'intendant Bigot, ils correspondent au chiffre de Montcalm. C'est-à-dire qu'en additionnant les 300 Acadiens décédés de la petite vérole à l'estimation de Bigot, soit de 1 500 ou 1 600 Acadiens, on arrive à 1 800 à 1 900 Acadiens réfugiés à Québec en date du 15 février 1758.

Selon l'étude de John A. Dickinson, 2 383 Acadiens sont mentionnés dans les registres au Canada entre 1755 et 1775, c'est-à-dire 1 486 personnes avant 1763 et 897 personnes après 1763. Dans sa conclusion, Dickinson estime que le nombre d'Acadiens qui arrivèrent au Canada avant 1763 est de 1 900 et que c'est « un ordre de grandeur acceptable et vraisemblable. Le nombre de déportés qui gagne le Québec à partir de la Nouvelle-Angleterre avant la fin de 1775, rejoint l'estimation de Daigle et Leblanc et se situerait entre 750 et 800 personnes[195] ». Alors, j'estime ces derniers chiffres à environ 800 Acadiens. De son côté, Michel Roy dit qu'« environ 1 800 Acadiens se sont réfugiés en Nouvelle-France[196] », et ce, avant 1760. Alors, j'estime ces chiffres à environ 1 850 Acadiens.

---

194. Charles Nicolas GABRIEL, *Le maréchal de camp Desandrouins, 1729-1792. Guerre du Canada 1756-1760. Guerre de l'indépendance américaine 1780-1782*, Verdun (Québec), imprimerie Renvé-Lallemant, 1887, p. 119.

195. John A. DICKINSON, « Les réfugiés acadiens au Canada, 1755-1775 », *Études Canadiennes/Canadian Studies*, n° 37, décembre 1994, p. 60.

196. Michel ROY, *L'Acadie des origines à nos jours. Essai de synthèse historique*, Montréal, Québec/Amérique, 1981, p. 133.

Estimation du nombre d'arrivées des Acadiens entre 1755 et 1775

Auteur	Les arrivées entre 1755 et 1763	Les arrivées entre 1763 et 1775	Total des arrivées entre 1755 et 1775
John A. Dickinson	1 486 mentionnés dans les registres	897 mentionnés dans les registres	2 383 mentionnés dans les registres
John A. Dickinson	1 900	entre 750 et 800	entre 2 650 et 2 700
Daigle et Leblanc[A]	1 500	800	2 300
Pierre-Maurice Hébert[B]	2 000	2 000	4 000
Michel Roy	1 800	inconnu	inconnu
André-Carl Vachon	1 850	800	2 650

A. John A. DICKINSON, « Les réfugiés acadiens au Canada, 1755-1775 », *Études Canadiennes/Canadian Studies*, n° 37, décembre 1994, p. 55.

B. Pierre-Maurice HÉBERT, « L'établissement des Acadiens au Québec », *La Petite Souvenance*, 2005, n° 19 [En ligne], 2012, [http://museeacadien.org/lapetitesouvenance/?p=1093] (Consulté le 31 mai 2013).

Donc, ce sont environ 2 650 Acadiens qui arrivèrent au Canada entre 1755 et 1775.

Pour connaître une approximation du nombre d'Acadiens arrivée en 1757, il faut soustraire les nombres connus d'Acadiens arrivés au Québec. En 1756, il y avait environ 600 Acadiens réfugiés dans la colonie canadienne. En 1758, les Abénaquis ramenèrent neuf Acadiens du Massachusetts[197]. De plus, nous savons que vingt-sept familles se sont réfugiées entre Montmagny et Kamouraska, soit environ 200 Acadiens[198]. Puis, en 1760, environ 100 Acadiens se réfugièrent dans la baie des Chaleurs (à la future municipalité de Bonaventure). Finalement, 24 Acadiens arrivèrent à Montréal et à Québec en 1759. Il est important

197. Henri Raymond CASGRAIN, *Journal du marquis de Montcalm durant ses campagnes en Canada de 1756 à 1759*, Québec, Imprimerie de L.-J. Demers & frères, 1895, p. 359.

198. Bona ARSENAULT, *Histoire des Acadiens*, Québec [Saint-Laurent], 1994, p. 216, 224-225.

de noter que les Acadiens des Îles-de-la-Madeleine ne font pas partie de cette évaluation, puisque l'archipel ne passa sous la gouvernance de Québec qu'avec l'Acte de Québec, qui entre en vigueur le 1er mai 1775[199].

Alors des 1 850 Acadiens arrivés avant 1760, il faut soustraire les 600 arrivés en 1756, les 200 réfugiées entre Montmagny et Kamouraska en 1757 et en 1759, les 9 (disons 10) arrivés en 1758, les 24 (disons 25) arrivés à Montréal et à Québec, ainsi que les 100 arrivés à Bonaventure en 1760. Il manque donc environ 915 Acadiens. Ce qui correspond à ceux qui arrivèrent à Québec entre octobre 1756 et février 1758.

Je suis parvenu à identifier six contingents d'Acadiens pour l'année 1757 ; ce qui totalise environ 915 personnes.

Le ***premier*** transport d'Acadiens arriva à Québec le 13 juin 1757 ; ils étaient probablement à bord d'un des navires suivants : *Le David*, *Le Président-Le-Berthon* ou *Le Jason*. Il y avait 120 Acadiens réfugiés de Miramichi. Dans le journal du marquis de Montcalm, nous apprenons que :

> Du 16 juin 1757. M. de Boishébert a écrit de Miramichi du 29 mai ; il a renvoyé cent vingt Acadiens qu'il ne pouvoit nourrir. Les Acadiens ont été un moment pressés par la faim à se révolter et piller les magasins ; M. de Boishébert les a apaisés. Les ennemis ont rasé le fort de Beaubassin, et ils paroissent ne vouloir conserver que celui de Beauséjour[200].

Ensuite, dans le journal de Bougainville, nous pouvons lire en date du 16 juin 1757 :

> Il est arrivé un bâtiment de Miramichi qui amène à Québec 120 Acadiens que Mr de Boishébert ne peut nourrir. Par

---

199. Jacques LACOURSIÈRE, *Histoire populaire du Québec. Tome 1 : Des origines à 1791*, Québec, Septentrion, 1995, p. 388.

200. Henri Raymond CASGRAIN, *Journal du marquis de Montcalm durant ses campagnes en Canada de 1756 à 1759*, Québec, Imprimerie de L.-J. Demers & frères, 1895, p. 216.

> ses lettres en date du 29 mai, nous apprenons que la famine a causé un soulèvement dans le corps de commande. Ces malheureux manquent de tout, voulaient piller les magazins. Mr de Boishébert a calmé les esprits. Il a perdu 4 hommes dans un détachement. Un prisonnier anglais fait à Annapolis lui a dit que Chibouctou [Halifax] était le rendez-vous général d'un gros corps de troupes destiné à une entreprise maritime considérable[201].

Les navires *Le David*, *Le Président-Le-Berthon* et *Le Jason* sont partis de Bordeaux, en France, en mars 1757, avec des provisions payées par le roi. Ils firent vraisemblablement un arrêt à Louisbourg et à Miramichi. Par la suite, ces nouveaux passagers embarquèrent autour du 30 mai[202] et le navire poursuivit son voyage en direction de Québec. Les Acadiens et les trois navires arrivèrent à Québec le 13 juin et sont mentionnés dans le Journal du marquis de Montcalm, le 16 juin 1757.

Le ***deuxième*** transport d'Acadiens arriva à Québec vers le 10 juillet 1757, avec une lettre de Boishébert, destinée sûrement aux administrateurs de la Nouvelle-France. Il y avait environ 200 Acadiens réfugiés de Sainte-Anne-des-Pays-Bas, via Miramichi. Parmi ces Acadiens, il y a des rescapés du *Pembroke*. Ils semblent avoir fait le voyage à bord du navire *Le Brillant*[203]. Dans une lettre de Vaudreuil destinée au ministre et datée du 14 juillet 1757, à Montréal, on y apprend que :

> De surplus la misère est toujours extrême à la rivière St-Jean et M. de Boishébert a été dans l'absolue nécésité de faire

201. Amédée-Edmond Gosselin, « Journal de l'expédition d'Amérique commencée en l'année 1756, le 15 mars » (Louis-Antoine de Bougainville), *Rapport de l'archiviste de la province de Québec (RAPQ)*, tome 4, 1923-1924, p. 267.

202. Puisque la date de la lettre de Boishébert est datée du 29 mai.

203. Le registre de Notre-Dame-de-Québec contient trois actes d'inhumation de matelots du navire *Le Brillant* : le 11 juillet, Guillaume Le Mounier ; le 14 juillet, Bernard Leroux ; et le 17 juillet, Pierre Lefevre.

> passer à Québec **un nombre considérable de familles d'acadiens**[204].

Puis, dans le journal de Bougainville, nous pouvons lire en date du 14 juillet 1757 :

> Par une lettre de la rivière St-Jean en date du 20 juin, Mr de Boishébert mande que pendant son quartier d'hyver passé à Miramichi, il avait fait subsister sa troupe avec des peaux de bœufs; [...] on avait appris par un petit bâtiment arrivé au fort St-George que cette flotte était rentrée à **Chibouctou [Halifax] et que la petite vérole continuait à faire de grands ravages dans ce port**[205].

Le ***troisième*** transport d'Acadiens arriva à Québec vers le 18 août 1757; ils étaient probablement à bord du navire *Le Rameau*[206]. Il y avait environ 160 Acadiens vraisemblablement de Sainte-Anne-des-Pays-Bas, via Miramichi, ainsi que le père François Le Guerne[207], missionnaire spiritain. Parmi ces Acadiens, il y a des rescapés du *Pembroke*.

---

204. Lettre de Vaudreuil de Cavagnial au ministre, Montréal, 14 juillet 1757. Archives nationales d'outre-mer (ANOM, France), COL C11A 102/fol.81-83v.

205. Amédée-Edmond Gosselin, « Journal de l'expédition d'Amérique commencée en l'année 1756, le 15 mars » (Louis-Antoine de Bougainville), *Rapport de l'archiviste de la province de Québec (RAPQ)*, tome 4, 1923-1924, p. 278.

206. Le navire *Le Rameau* arriva à Québec au mois d'août 1757. Charles Vianney Campeau, « 1757 », Navires venus en Nouvelle-France. Gens de mer et passagers. De 1700 à la Conquête [En ligne], 6 mai 2012, [http://naviresnouvellefrance.com/vaisseau1700/html/page1757.html] (Consulté le 14 mars 2013).

207. « Monsieur Leguerne ancien missionnaire des rivières de Chypoudy, Petkoudiak et Memeremkock sur les terres de France en Acadie. Le missionnaire dont il est parlé cy contre est le seul qui soit resté dans le voisinage des anglois avec les habitans depuis la prise du fort de Beausejour (15 juin 1755) Jusqu'au mois d'aoust dernier 1757... le détail que ce missionnaire a envoyé de ce qui s'est passé en Acadie, anglaise et française pendant ces deux années mérite d'etre lu, par quiconque avec le courage de supporter tous les horreurs commises par les anglois envers et contre les pauvres acadiens, et si le ministre en etoit curieux, l'abbe de l'Isle Dieu pourra le luy

> À peine notre missionnaire est-il arrivé ici, qu'il écrit à M. De Vaudreuil à Montréal, pour recommander à sa bienveillance les pauvres Acadiens qu'il vient de quitter. Le 24 août, M. De Vaudreuil répond en lui disant qu'il promet « d'aider les pauvres Acadiens le plus tôt possible, » et qu'il le verra « à Québec bientôt, puisqu'il doit y demeurer »[208].

Le voyage de Québec à Montréal est d'environ trois jours[209] en bateau, alors Vaudreuil a sûrement reçu la lettre du père Le Guerne vers le 23 août. Elle semble donc être partie de Québec, le 20 août. Le père Le Guerne a donc sûrement écrit sa lettre le 19 août. Il est donc probablement arrivé à Québec autour du 18 août 1757.

Voici un extrait d'une lettre du chevalier François-Gaston de Lévis au maréchal de Mirepoix, datée du 4 septembre 1757, écrite du camp de Carillon :

> Les Acadiens qui se soutiennent encore dans l'Acadie sont dignes de pitié et de la bonté du Roi ; ils donnent les plus grandes marques des sujets les plus fidèles ; ils sont réduits dans la dernière misère et toujours à la veille de mourir de faim, et **il n'en reste peut-être pas douze cents**. Après la prise de Beauséjour, malgré la capitulation, il y en a eu une partie qui a été enlevée et transportée avec inhumanité dans les colonies angloises ; une autre partie s'est établie à l'île Saint-Jean ; et il y en a une **autre petite partie qui est venue en Canada**[210].

---

communiquer. » Musée de la civilisation, fonds d'archives du Séminaire de Québec, Séminaire 14, Liasse 6, n° 14.

208. Charles-Octave GAGNON, *Lettre de M. l'abbé Le Guerne missionnaire de l'Acadie*, Québec, Imprimerie Générale A. Côté et Cie, 1889, p. 20.

209. « Du 16 [octobre 1757]. – Nouvelles de Montréal du 13 [octobre 1757]. » Amédée-Edmond GOSSELIN, « Journal de l'expédition d'Amérique commencée en l'année 1756, le 15 mars » (Louis-Antoine de Bougainville), *Rapport de l'archiviste de la province de Québec (RAPQ)*, tome 4, 1923-1924, p. 312.

210. Henri Raymond CASGRAIN, *Lettres du chevalier de Lévis concernant la guerre du Canada (1756-1760)*, Montréal, C.O. Beauchemin & fils, Librairies-Imprimeurs, 1889, p. 149.

Lors de la rédaction de cette lettre, environ 480 Acadiens de la région de Miramichi et de la rivière Saint-Jean furent envoyés au Canada, et ce, incluant les passagers du *Pembroke*.

Puis, le 8 septembre 1757, Bougainville nous apprend l'arrivée de quatre Acadiens à Montréal. Ils étaient en provenance de la Caroline. Malheureusement, il n'y a aucune information concernant la façon dont ils sont arrivés, par bateau, accompagnés des Amérindiens ou autres...

> [Montréal, le 8 septembre 1757.] Quatre Acadiens désertés de la Caroline. Ils ont dit que les Anglais de la Caroline n'avaient dans leur capitale que 40 hommes de garnison, milices du pays ; que cette partie serait fort aisée à ravager, les habitations étant éparses, que les Anglais ont fait construire un fort du côté des Cheroquis, dans les eaux du Mississipi[211].

Le ***quatrième*** transport d'Acadiens arriva à Québec le 16 octobre 1757, avec Charles Deschamps de Boishébert, officier militaire à Miramichi. Il était à bord d'un brigantin. Il y avait 150 Acadiens. Ils semblent provenir de Miramichi. Voici ce que l'on retrouve dans le journal de Bougainville à ce sujet :

> Il est arrivé ici 150 Acadiens. **La faim les chasse des bois**. Ils viennent par leur misère augmenter encore la nôtre[212].

En lisant le journal du marquis de Montcalm, on y apprend que :

> Du 16 octobre 1757. – M. de Pontleroy, nommé par la cour ingénieur en chef de la Nouvelle-France, est arrivé sur un brigantin parti de Louisbourg, avec vingt milliers de poudre,

211. Amédée-Edmond GOSSELIN, « Journal de l'expédition d'Amérique commencée en l'année 1756, le 15 mars » (Louis-Antoine de Bougainville), *Rapport de l'archiviste de la province de Québec (RAPQ)*, tome 4, 1923-1924, p. 307.

212. *Ibid.*, p. 312.

deux cent cinquante quarts de bœuf salé et des soldats de Berry; il étoit parti de Louisbourg le 27 septembre[213].

Le ***cinquième*** transport d'Acadiens arriva à Québec vers le 20 octobre 1757, en provenance de l'île Saint-Jean. Il y avait 125 Acadiens. Malheureusement, je ne suis pas parvenu à identifier le navire qui les amena à Québec. Dans une lettre du major et commandant de l'île Saint-Jean, Gabriel Rousseau de Villejouin, destinée au commissaire ordonnateur à Louisbourg, Jacques Prévost, et datée du 26 septembre 1757, on y apprend que 125 Acadiens se sont acheté un bateau pour se rendre au Canada[214].

Le ***sixième*** transport d'Acadiens arriva à Québec le 8 novembre 1757. Il y avait 150 Acadiens réfugiés de l'île Saint-Jean (selon Bougainville) ou 137 Acadiens (selon Montcalm). Malheureusement, je ne suis pas parvenu à identifier le navire qui les amena à Québec. Il est possible que ce soit sur *L'Apollon*[215]. Ce navire arriva à Louisbourg, le 11 octobre 1757. Il s'est possiblement rendu à Port-la-Joye et ensuite à Québec; si c'était le cas, il serait arrivé au début du mois de novembre.

Voici ce que l'on retrouve dans le journal de Bougainville à ce sujet :

> Le 8 [novembre 1757], il nous est arrivé de l'isle St-Jean **150 Acadiens**. La récolte y a manqué, de même qu'ici on y va aussi manger les animaux pour vivre. La petite vérole fait cette année beaucoup de ravages; communément elle ne venait que tous les vingt ans. Cependant elle avait régné il

---

213. Henri Raymond Casgrain, *Journal du marquis de Montcalm durant ses campagnes en Canada de 1756 à 1759*, Québec, Imprimerie de L.-J. Demers & frères, 1895, p. 309.

214. Placide Gaudet, « Fonds Placide-Gaudet (boîte 15) », Centre des études acadiennes. Anselme-Chiasson [En ligne], 2013, [http://www.umoncton.ca/umcm-ceaac/files/umcm-ceaac/wf/wf/pdf/pg15.pdf] (Consulté le 14 mars 2013).

215. M. de Drucourt au Ministre, Louisbourg, 11 octobre 1757. Archives nationales d'outre-mer (ANOM, France), COL C11B 37/fol.66-67.

> y a deux ans. Ce sont les Acadiens et les prisonniers anglais qui l'ont communiquée[216].

Dans le journal du marquis de Montcalm, on peut y lire une légère différence :

> Du 8 novembre 1757. – Il nous est arrivé **cent trente-sept** Acadiens de l'île Saint-Jean, qu'on nous a envoyés parce qu'on ne sait plus comment les y nourrir ; la récolte y a manqué ainsi qu'en Canada, et on y va de même manger les animaux pour s'y soutenir.
>
> Du 13 novembre 1757. – La petite vérole qui n'est regardée en Canada que comme une maladie populaire qui prend tous les vingt ans, fait du ravage cette année, quoiqu'on l'ait eue il y a deux ans. *Elle a été communiquée par les Acadiens et les Anglois pris au fort Guillaume-Henry*[217].

La famine de 1757 et les escroqueries…

En 1757, la Nouvelle-France se retrouva avec une famine, en raison de mauvaises récoltes et du fait que certains navires de ravitaillements furent capturés par les Britanniques. De son côté l'intendant Bigot, un joueur invétéré, perd beaucoup d'argent lors de ses paris, l'argent de l'état. Plus l'année avance, plus la population se voit mise à la ration. Vu la rareté, la population fut contrainte à manger de la viande chevaline au lieu du bœuf. En décembre, l'intendant Bigot ordonna la fermeture des moulins à farine, afin de conserver une quantité minimale de blé pour faire les semences au printemps. Peut-on comprendre la population canadienne aux prises avec une famine et qui se voit imposer environ 1 700 réfugiés acadiens ? Certes, ce ne fut

216. Amédée-Edmond GOSSELIN, « Journal de l'expédition d'Amérique commencée en l'année 1756, le 15 mars » (Louis-Antoine de Bougainville), *Rapport de l'archiviste de la province de Québec (RAPQ)*, tome 4, 1923-1924, p. 314.

217. Henri Raymond CASGRAIN, *Journal du marquis de Montcalm durant ses campagnes en Canada de 1756 à 1759*, Québec, Imprimerie de L.-J. Demers & frères, 1895, p. 317.

pas la faute des Acadiens, mais certains, tentés par l'appât du gain, firent un peu d'argent sur le dos des réfugiés. Voici quelques textes de l'époque concernant cette malheureuse période de notre histoire.

La famine

Voici ce qu'on peut lire en date du 25 février 1757, dans le journal de Bougainville :

> On a eu des nouvelles de Mr de Boishébert, commandant de la rivière St-Jean, en date du 15 janvier. Comme il marchait pour surprendre le fort de Gaspareau pris sur nous en 1755, les Anglais l'ont évacué et brûlé le 12 8bre [octobre]. Quelque tems auparavant on leur avait pris ou tué 16 hommes de cette garnison. Mr de Boishébert s'est retiré à Miramichi et aux environs pour y passer l'hyver avec ses Acadiens au nombre de 1500, non compris les femmes et les enfans. Il a des ordres pour se maintenir dans ce poste et pour se transporter à l'isle Royale à la première réquisition de Mr de Drucour qui y commande. **Du reste il se ressent de la disette commune à tout le Canada.** Les Acadiens subsistent avec 10 livres de bœuf, et dix livres de pois. Ils mangent aussi de la vache marine et quelques chevaux maigres. Cette mauvaise nourriture occasionne beaucoup de maladies. Le 27, on a publié un mandement de l'évêque pour ordonner des prières publiques qui continueront jusqu'à la fin de la campagne[218].

Dans le journal du marquis de Montcalm nous apprenons que :

> Du 26 février 1757. – L'on a eu des nouvelles de M. de Boishébert, commandant à la rivière Saint-Jean ; elles sont en date du 15 janvier. Comme il marchoit pour surprendre le fort de Gaspareau, que les Anglois avoient pris sur

218. Amédée-Edmond GOSSELIN, « Journal de l'expédition d'Amérique commencée en l'année 1756, le 15 mars » (Louis-Antoine de Bougainville), *Rapport de l'archiviste de la province de Québec (RAPQ)*, tome 4, 1923-1924, p. 252.

> nous en 1755, les Anglois l'ont évacué et brûlé le 12 octobre. Peu auparavant, M. de Boishébert leur avoit pris ou tué seize hommes de leur garnison. M. de Boishébert s'est retiré pour passer son quartier d'hiver avec ses Acadiens à Miramichi et ses environs. Les Acadiens sont au nombre de quinze cents, non compris les femmes et les enfants. M. de Boishébert a des ordres pour s'y maintenir et pour passer sur la première réquisition de M. de Drucour, gouverneur de l'Ile-Royale, à l'Ile-Royale ou à l'île Saint-Jean s'ils étoient attaqués au petit printemps, **M. de Boishébert paroît très à l'étroit pour la nourriture des Acadiens ; il espère cependant pouvoir se maintenir jusqu'au 15 mai, en ne leur donnant que dix livres de bœuf et dix livres de pain par mois.** Comme il n'entre dans aucun détail sur le pain, il faut supposer qu'il a une assez grande quantité de farine. Cependant dans une de ses lettres il parle de trois à quatre cents quarts de farine. Il ajoute que la pêche de la vache marine l'aide un peu. On ne mange pas pour l'ordinaire de ces animaux, on se contente d'en tirer l'huile ; mais la nécessité n'a point de loi. Il tue de temps en temps des chevaux maigres, et il ménage beaucoup quatre cents quintaux de morue qu'il s'est procurés. **Ce défaut de nourriture occasionne des maladies parmi les Acadiens, et les mères voient souvent périr leurs enfants sans pouvoir leur donner du secours**[219].

On peut retrouver dans une lettre de Vaudreuil adressée au ministre, en date du 19 avril 1757, à Montréal que :

> Les accadienes voyent mourir leurs enfans à leur mammelle ne pouvant les substanter. La pluspart ne peuvent paraitre parce qu'elles n'ont point d'hardes pour mettre leur nudité à couvert. Il est mort beaucoup d'accadiens, le nombre des malades est considérable et ceux qui sont convalescens ne peuvent se rétablir par la mauvaise qualité des alimens qu'ils prennent étant souvent dans la nécessité de manger des chevaux extrêmement maigres, de la vache marine et de la

219. Henri Raymond CASGRAIN, *Journal du marquis de Montcalm durant ses campagnes en Canada de 1756 à 1759*, Québec, Imprimerie de L.-J. Demers & frères, 1895, p. 162-163.

> peau de bœuf. Tel est, Monseigneur, l'état où se trouvent les accadiens[220].

Le journal du marquis de Montcalm nous informe que :

> Du 26 avril 1757. – M. de Paumeroy, officier de Louisbourg, est parti ce matin pour profiter d'un petit bâtiment qu'on doit expédier de Québec pour porter à Miramichi des vivres pour M. de Boishébert et aux Acadiens ; et M. de Paumeroy a été chargé de porter à Louisbourg les paquets pour les ministres, contenant le détail de ce qui s'est passé pendant le cours de l'hiver en Canada ; et M. de Drucour s'est chargé de les faire passer en France[221].

Voici ce que l'on peut lire dans une lettre du père François Le Guerne à l'abbé l'Isle-Dieu, en 1757 :

> Ces pauvres gens sont morts l'hyver dernier en grande quantité de faim et de misère et ceux qui ont échappé à la mort n'ont point échappé à une horrible contagion et ont été réduits par la famine qui y règne à manger du cuir de leurs souliers, de la charogne et quelques-uns même ont mangé jusqu'à des excrémens d'animaux, la bienséance m'oblige de supprimer le reste[222].

La misère et la famine en Acadie française étaient encore plus difficiles que dans la colonie canadienne. D'où la problématique qui s'est vécue ; les laisser mourir de faim à Miramichi ou alourdir le fardeau des Canadiens en accueillant les Acadiens ?

---

220. Lettre de Vaudreuil de Cavagnial au ministre, Montréal, 19 avril 1757. Archives nationales d'outre-mer (ANOM, France), COL C11A 102/fol.30-33.

221. Henri Raymond Casgrain, *Journal du marquis de Montcalm durant ses campagnes en Canada de 1756 à 1759*, Québec, Imprimerie de L.-J. Demers & frères, 1895, p. 187.

222. Charles-Octave Gagnon, *Lettre de M. l'abbé Le Guerne missionnaire de l'Acadie*, Québec, Imprimerie Générale A. Côté et Cie, 1889, p. 29-30.

Les escroqueries

La ***Grande Société*** fut fondée par Joseph-Michel Cadet en janvier 1757. C'est une compagnie très lucrative, dont fait partie l'intendant François Bigot et Michel-Jean-Hugues Péan, qui contrôle les vivres dans la colonie et qui gonfle les prix des denrées afin de faire encore plus de profit, et ce, malgré la guerre et la famine. Malheureusement, le peuple souffrit de ces escroqueries. Voici celles qui ont été faites envers les réfugiés acadiens.

Dans le journal de Bougainville en date du 7 février 1758, on découvre que :

> Un bourgeois de Québec devait à un associé de la ***grande société***; il était hors d'état de payer. On lui a donné en pension un grand nombre d'Acadiens. Il les a fait mourir de faim et de froid, leur a tiré ce qu'ils avaient d'argent et a payé le maltôtier. Quel pays ! Quelles mœurs !
>
> Par les nouvelles de l'Acadie, les Sauvages et Acadiens font de tems en tems quelques courses. Ce que nous avons de Sauvages dans cette partie peut monter au nombre de 5 à 600. Il nous reste Pekoudiac, Miramichi, la rivière St-Jean, le cap Sable et l'isle St-Jean, environ 400 familles d'Acadiens[223].

Ensuite, le maréchal Desandrouins s'insurge de ce qu'il découvre lors de l'hiver 1758 (probablement le 7 février) :

> Aux horreurs de la faim, vinrent s'ajouter bientôt les rigueurs du froid. L'hiver fut exceptionnellement rude, même pour ce pays-là. Le thermomètre y descendit plusieurs fois au-dessous de 27 et 28 degrés.
>
> *On a trouvé huit ou dix Acadiens, malades ou vieillards, gelés et roides dans leurs lits, faute de bois, quoi qu'il y eut un entrepreneur, payé par le Roy, pour leur en donner.*

---

223. Amédée-Edmond GOSSELIN, « Journal de l'expédition d'Amérique commencée en l'année 1756, le 15 mars » (Louis-Antoine de Bougainville), *Rapport de l'archiviste de la province de Québec (RAPQ)*, tome 4, 1923-1924, p. 316.

> Enfin, des maladies contagieuses mirent le comble à ces souffrances. La petite vérole fit des ravages effrayants. Un cinquième de la population fut enlevé, surtout parmi les Sauvages.
>
> La charité particulière fit des prodiges pour soulager tant de souffrances. Partout, les aumônes furent très abondantes, et l'on quêta dans les diverses églises de Québec, de Montréal et même de Louisbourg[224].

Voici ce qu'on apprend dans une lettre de Jean-Daniel Dumas adressée au gouverneur Vaudreuil, datée du mois de mars 1760, de son poste de commandement à la rivière Jacques-Cartier :

> Les deux Accadiens, Monsieur, qui vous remettront cette lettre sont placés à St-Pierre le Béquêt avec Leurs Familles, ils se plaignent tant pour eux que pour les autres familles qui sont dans la même paroisse que le Capitaine les m'est dehors que cependant les habitants disent que c'est la propre faute du capitaine et celui cy que c'est la faute des habitants. Ces accadiens assurent que ce capitaine soulage ses parens, qu'il y a les nommés Louis Bary, François Brisson qui ont déjà quelques-uns mais qu'ils seroient bien en état d'en nourrir encore plusieurs parce qu'ils vendent du bled, il y a aussy la veuve Baril et les deux gendres du capitaine qui n'en ont point et qui sont fort en état d'en nourrir.
>
> Je vous prie, Monsieur, de prendre connaissance du fait, de laver la tête à ce capitaine s'il le mérite et de faire renverser les accadiens qui sont chés les habitans pauvres chés les habitans riches. Ces accadiens m'ont dit aussy que ce Capitaine se prévaloit Beaucoupt de ce que vous luy aviez dit que vous ne vous mettez point du logement des accadiens. Je ne puis le croire parce que dans toutes vos lettres vous m'entretenez des soins que vous vous donnez à cet égard.

224. Charles Nicolas GABRIEL, *Le maréchal de camp Desandrouins, 1729-1792. Guerre du Canada 1756-1760. Guerre de l'indépendance américaine 1780-1782*, Verdun (Québec), imprimerie Renvé-Lallemant, 1887, p. 121-122.

> J'ai l'honneur d'être tres sincèrement, Monsieur, votre tres humble et tres obéissant Serviteur. M. Dumas[225].

Pendant cette période, le taux de mortalité chez les Acadiens est dévastateur. « Les registres de Notre-Dame-de-Québec contiennent 335 sépultures d'Acadiens du 1er novembre 1757 au 1er mars 1758[226]. » C'est sans compter ceux qui furent inhumés à l'Hôtel-Dieu, à l'Hôtel général et dans les autres villages. La cause de ces nombreux décès est sans aucun doute la petite vérole. Toutefois, la malnutrition et la famine sont aussi au banc des accusés. Comme on le sait, les carences alimentaires provoquent plusieurs problèmes de santé grave qui résulte en une mort certaine. Il ne faut pas oublier aussi les décès causés par la négligence de ces Canadiens qui avaient des Acadiens à leur charge et qui les laissèrent mourir de froid. [J'ose croire que cette situation était exceptionnelle.] Même le gouverneur de la Nouvelle-Écosse, Montagu Wilmot, fut au courant des malversations faites aux Acadiens réfugiés dans la colonie canadienne avant 1760. Dans une lettre adressée au Lord Halifax, datée du 22 mars 1764, le gouverneur Wilmot rapporta...

> que les Acadiens réfugiés au Canada *ont non seulement été traités avec la dernière négligence par les Canadiens, mais aussi avec antipathie et mépris*[227].

Le gouverneur Wilmot fait, selon moi, référence aux criminels de la clique de l'intendant Bigot. Après le retour en France de ces fraudeurs, membres de la ***Grande Société***, l'intendant François Bigot, le munitionnaire général des armées françaises au Canada, Joseph-Michel Cadet, et l'aide-major de

---

225. Placide Gaudet, « Lettre de M. Dumas à Vaudreuil, mars 1760 », *Rapport concernant les archives canadiennes (RAC) pour l'année 1905*, vol. I, Ottawa, Archives publiques de Canada, 1906, 4e partie, p. 6.

226. Jean Gaudette, « Des réfugiés acadiens à Québec en 1757 », *Les cahiers de la Société historique acadienne*, vol. 17, nº 4, octobre-décembre 1986, p. 300.

227. *Ibid.*, p. 300.

Québec, Michel-Jean-Hugues Péan, le seigneur de Saint-Michel Livaudière, furent emprisonnés le 17 novembre 1761, pour la corruption qu'ils ont faite envers le roi de France, mais aussi pour les extorsions faites auprès des Acadiens. Les accusés subirent un procès et le jugement fut rendu le 10 décembre 1763[228]. Bigot fut banni à vie du royaume de France et tous ses biens furent confisqués, et ce, pour avoir volé la colonie canadienne et pour l'avoir perdue. Cadet fut banni de Paris pendant neuf ans et il reçut une amende de 6 000 000 francs. De son côté, Péan reçut une amende de 600 000 francs. Malgré tout, les torts avaient été faits envers ces pauvres réfugiés acadiens.

Pour contrebalancer ces dernières escroqueries, il est important de prendre le temps de constater que la population en général prit soin des Acadiens et que malgré la famine, tous se serrèrent les coudes devant l'ennemi. Évidemment, certains Canadiens eurent peur des représailles de la part des Britanniques.

Voici donc deux autres extraits de lettres datant de 1760, écrites entre le major général et inspecteur des troupes de la Marine au Canada, Jean-Daniel Dumas, et le gouverneur Vaudreuil. La première est datée du 6 mars 1760, de son poste de commandement à la rivière Jacques-Cartier et signée par Jean-Daniel Dumas :

> Mr Hertel m'écrit de St-Michel il paroit avoir bien compris l'objet de sa mission. Les habitants sont toujours fort bien disposés et recevrons des accadiens, si je puis leur en faire passer ; mais **ils craignent d'être brulé par l'ennemi sur les menaces qui leur ont été faites**. Conformément à l'arrangement pris par Mr de Bourlamaque je fais passer à la beauce 88 personnes accadiennes, dont je soulage les paroisses de

228. J.F. Bosher [en collaboration avec J.-C. Dubé], « Bigot, François », *Dictionnaire biographique du Canada* [En ligne], 2000, [http://www.biographi.ca/009004-119.01-f.php?&id_nbr=1757] (Consulté le 14 mars 2013).

> St-Jean et lobiniere et Ste-Croix. Les habitants de la beauce ont temoigné en cette occasion toute la bonne volonté qu'on pouvait désirer d'eux[229].

La seconde lettre provient du gouverneur Vaudreuil, datée du 10 mars 1760, à Montréal en réponse à la lettre de Jean-Daniel Dumas (celle du 6 mars) :

> Je suis charmé de la bonne volonté des habitants chés qui vous avés placé des Accadiens. Je ne l'oublierai point et je leur en tiendrai compte dans l'occasion, je dois vous observer que vous ne devés faire passer chés les habitants de la Beauce et autres paroisses avancées de la côte du Sud que les femmes et les enfants accadiens parce-que les **hommes ne pourroient ou ne voudroient peut être pas revenir lorsqu'il seroit question de les joindre à l'armée**[230].

Qui apporta la petite vérole à Québec? Serait-ce vraiment les Acadiens?

Pas tout à fait! En 1756, les passagers du *Léopard* furent les premiers à être porteurs de la petite vérole (c'est-à-dire la variole, communément appelée la picote) dans le port de Québec. Plusieurs écrits du marquis de Montcalm et du gouverneur Vaudreuil en témoignent. De plus, en 1757, il y a une épidémie de petite vérole à Halifax. Sans doute, que les militaires anglais eurent la petite vérole et que les prisonniers ramenés à Québec purent également transmettre la maladie à la population de Québec.

229. Placide GAUDET, « Lettre de M. Dumas à Vaudreuil, 6 mars 1760 », *Rapport concernant les archives canadiennes (RAC) pour l'année 1905*, vol. I, Ottawa, Archives publiques de Canada, 1906, 4e partie, p. 12.

230. Placide GAUDET, « Lettre de Vaudreuil à M. Dumas, Montréal, 10 mars 1760 », *Rapport concernant les archives canadiennes (RAC) pour l'année 1905*, vol. I, Ottawa, Archives publiques de Canada, 1906, 4e partie, p. 5.

Dans le journal du marquis de Montcalm, on peut y lire le 3 juin 1756 que :

> On a appris par les lettres de Québec que *L'Illustre* et le *Léopard* sont entrés le 30 [mai] à Québec et la Sauvage le 31. Ces vaisseaux étaient partis de Brest du 6 avril ; leur traversée ayant été plus longue, ils ont eu assez de malades. On a eu des nouvelles de l'Ile-Royale du 23 avril, il y étoit déjà arrivé trois vaisseaux frétés pour le compte du Roi. La place étoit fournie pour dix-huit mois de vivres, et des troupes bien recrutées et complétées. Il est entré dans la rade de Québec, le 31, trois vaisseaux marchands frétés pour le compte du Roi, portant provisions, munitions et recrues[231].

Ensuite, en date du 4 au 11 juin 1756, on peut y lire que :

> Les troupes venues par le *Léopard* et *L'Illustre* ont beaucoup de malades, principalement celles venues sur le *Léopard*, que l'on dit avoir été pestiférées[232].

Dans une lettre de Vaudreuil destinée au ministre, en date du 17 juin 1756[233], à Montréal, on apprend que les vivres qui étaient à bord du *Léopard* ont été redistribués sur le *Héros*, *L'Illustre*, la *Sirène* et la *Lionne*. Ces vivres furent ensuite distribués aux Acadiens affaiblis par la famine et par la malnutrition.

Dans une autre lettre de Vaudreuil destinée au ministre, en date du 26 juin 1756[234], à Montréal, on y découvre que c'est l'équipage du *Léopard* qui a introduit la petite vérole à Québec et que l'équipage est décimé. Ce sont donc des membres de

---

231. Henri Raymond Casgrain, *Journal du marquis de Montcalm durant ses campagnes en Canada de 1756 à 1759*, Québec, Imprimerie de L.-J. Demers & frères, 1895, p. 68-69.

232. *Ibid.*, p. 70.

233. Lettre de Vaudreuil de Cavagnial au ministre, Montréal, 17 juin 1756. Archives nationales d'outre-mer (ANOM, France), COL C11A 101/ fol.38-38v..

234. Lettre de Vaudreuil de Cavagnial au ministre, Montréal, 26 juin 1756. Archives nationales d'outre-mer (ANOM, France), COL C11A 101/ fol.39-40v.

l'équipage du *Léopard* qui transmirent la variole à des membres de l'équipage du *Héros*, et ceux de *L'Illustre*, de la *Sirène* et de la *Lionne* qui distribuèrent les vivres aux Acadiens ; c'est ainsi que ces derniers attrapèrent la maladie infectieuse, contagieuse et mortelle qu'est la variole.

Ensuite, dans le journal du marquis de Montcalm, on peut lire en date du 29 août 1756 que :

> M. de Beaussier, capitaine de vaisseau, qui avoit commandé la petite escadre de trois vaisseaux et de trois frégates qui avoient amené le secours de France à Québec, en est reparti dans le courant de juin [1756] avec deux vaisseaux et deux frégates, le *Léopard* ayant été désarmé et brûlé par vétusté[235], et la *Sirène* étant partie pour porter la nouvelle de l'arrivée du secours. M. de Beaussier a croisé quelque temps à portée de Louisbourg et a eu un combat avec trois vaisseaux de guerre anglois. Le manque de vent l'a rendu indécis. Les Anglois y ont perdu une cinquantaine d'hommes et un officier. M. de Boishébert a toujours tenu la portion de l'Acadie qui nous reste depuis la prise des forts, et a maintenu dans notre affection avec l'aide du P. Germain, Jésuite, les malheureux restes des Acadiens errants dans les bois. On leur a fait passer des vivres par M. de la Naudière, capitaine de la colonie. Les Anglois n'ont fait aucun progrès dans cette partie. Nous leur avons fait quelques prisonniers, entre autres un capitaine d'artillerie, et on leur a pris à la fin de la campagne mille bœufs, d'où il en a fait passer la plus grande partie à l'île Saint-Jean. On a fait venir à Québec et aux environs des familles acadiennes, auxquelles on a donné des établissements, et des sauvages malécites et micmacs, auxquels on a donné subsistance. A la fin d'août [1756], les Anglois ont fait mine de vouloir prendre un établissement à Gaspé ; ils y ont même débarqué du monde ; mais tout aboutit de leur part à prendre deux bâtiments chargés de morue[236].

---

235. Voir le sens de contaminé.

236. Henri Raymond Casgrain, *Journal du marquis de Montcalm durant ses campagnes en Canada de 1756 à 1759*, Québec, Imprimerie de L.-J. Demers & frères, 1895, p. 112-113.

Puis, le 14 juillet 1757, le journal de Bougainville nous apprend que :

> Par une lettre de la rivière St-Jean en date du 20 juin, Mr de Boishébert mande que pendant son quartier d'hyver passé à Miramichi, il avait fait subsister sa troupe avec des peaux de bœufs ; [...] on avait appris par un petit bâtiment arrivé au fort St-George que cette flotte était rentrée à **Chibouctou [Halifax] et que la petite vérole continuait à faire de grands ravages dans ce port**[237].

Dans une lettre de Vaudreuil destinée au ministre, en date du 20 juillet 1757[238], on peut y lire que :

> Les grands préparatifs des anglais seront par conséquent infructueux d'autant mieux que dans leur flotte il y a une grande quantité de malades de la petite vérole, elle n'osera pas vraisemblablement sortir d'[H]alifax.

Finalement, on peut lire dans le journal du marquis de Montcalm que :

> Du 13 novembre 1757. – La petite vérole qui n'est regardée en Canada que comme une maladie populaire qui prend tous les vingt ans, fait du ravage cette année, quoiqu'on l'ait eue il y a deux ans. *Elle a été communiquée par les Acadiens et les Anglois pris au fort Guillaume-Henry*[239].

Ces textes sont assez concluants ! Si les Acadiens avaient amené la petite vérole à Québec, ces derniers l'avaient donc attrapé par les matelots du *Léopard* ou via des contacts entre eux et des militaires britanniques, soit d'Halifax ou du fort

---

237. Amédée-Edmond GOSSELIN, « Journal de l'expédition d'Amérique commencée en l'année 1756, le 15 mars » (Louis-Antoine de Bougainville), *Rapport de l'archiviste de la province de Québec (RAPQ)*, tome 4, 1923-1924, p. 278.

238. Lettre de Vaudreuil de Cavagnial au ministre, Montréal, 20 juillet 1757. Archives nationales d'outre-mer (ANOM, France), COL C11A 102/fol.88-89.

239. Henri Raymond CASGRAIN, *Journal du marquis de Montcalm durant ses campagnes en Canada de 1756 à 1759*, Québec, Imprimerie de L.-J. Demers & frères, 1895, p. 317.

William-Henry (Guillaume-Henry), comme le dit le marquis de Montcalm. Finalement, si on se remet dans le contexte, il est plus facile d'accuser des réfugiés de guerre pour ce fléau, plutôt que d'accepter les faits. Comme l'a écrit Bougainville, le 16 octobre 1757 : « Ils viennent par leur misère augmenter encore la nôtre[240]. »

L'arrivée des Acadiens au Québec en 1758 et en 1759

Peu d'Acadiens arrivèrent après la famine de 1757. Toutes les colonies de la Nouvelle-France sont dans la mire des conquérants britanniques. L'île Royale et l'île Saint-Jean sont sous attaques et perdent le combat le 8 juillet 1758. La population acadienne fut déportée en France et en Angleterre, à l'exception d'environ 1 100 personnes qui se réfugièrent à Miramichi et à Ristigouche, en provenance de l'île Saint-Jean. D'autres restèrent cachés dans la forêt : environ 150 personnes sur l'île Saint-Jean et environ 700[241] sur l'île Royale. Toutefois, un groupe d'Acadiens de l'île Royale se réfugia dans les alentours de Sainte-Anne-des-Pays-Bas, sur les berges de la rivière Saint-Jean. Après cette autre vague massive de déportation, les Britanniques vont diriger leurs tactiques militaires vers le Canada, ce qui corrobore le fait que peu d'Acadiens se réfugièrent dans la colonie canadienne qui est sous attaque. Voici quelques écrits se rapportant aux Acadiens durant cette période...

Dans le journal du marquis de Montcalm, on peut lire ceci :

> 7 février 1758. – Par les nouvelles de l'Acadie, nos sauvages et Acadiens y font de temps en temps quelques courses ; ils ont en dernier lieu enlevé quelques anglois et un maître

---

240. Amédée-Edmond Gosselin, « Journal de l'expédition d'Amérique commencée en l'année 1756, le 15 mars » (Louis-Antoine de Bougainville), *Rapport de l'archiviste de la province de Québec (RAPQ)*, tome 4, 1923-1924, p. 312.

241. ——, « Les Acadiens (1752 à 1784) », *Statistique Canada* [En ligne], 22 octobre 2008, [http://www.statcan.gc.ca/pub/98-187-x/4064810-fra.htm] (Consulté le 13 mars 2013).

> charpentier auprès du Port-Royal. Ils ont aussi pris une goélette. Ces débris d'Acadiens qui nous restent à Pécoudiac, Miramichi, la rivière Saint-Jean, le cap de Sable et l'île Saint-Jean, peuvent faire quatre cents familles ; **le surplus a été retiré par nous en Canada**, ou enlevé par les Anglois[242].

Ensuite, on peut lire dans le même journal en date du 30 mai 1758 :

> Un des petits partis abénaquis, allé à la guerre, partie chasse, partie guerre, est de retour après avoir fait trois chevelures dans un moulin où nous avions **neuf de nos malheureux Acadiens** travaillant pour les Anglois. Les Abénaquis au moment de les tuer, les tenant en joue, entendent avec surprise crier : Vive le Roi françois ! Ils les accueillent avec toute l'affection possible et nous les ont ramenés de Dingerfil sur la rivière de Massachusetts. L'Anglois a cru bien disperser ce peuple fidèle, il n'en a pas changé le cœur[243].

Toujours dans le même journal, mais l'année suivante :

> Du 12 au 19 mars 1759. [...] Des nouvelles qui nous sont arrivées de Miramichi par deux Canadiens qui ont déserté d'Halifax, doivent nous faire craindre des dispositions pour venir tenter une descente à Québec, ou du moins croiser d'assez bonne heure dans le golfe pour intercepter tous nos secours[244].

Il est très probable que ces voyageurs furent accompagnés par l'abbé Bernard-Sylvestre Dosque.

Puis, le 30 mai 1759, le marquis de Montcalm nous informe que :

> **Trois Acadiens** et un François, prisonniers de Beauséjour, se sont sauvés de Boston le 5 de ce mois et sont arrivés

---

242. Henri Raymond CASGRAIN, *Journal du marquis de Montcalm durant ses campagnes en Canada de 1756 à 1759*, Québec, Imprimerie de L.-J. Demers & frères, 1895, p. 331.

243. *Ibid.*, p. 359.

244. *Ibid*, p. 497-498.

aujourd'hui par les terres. Ils rapportent que les Anglois destinent soixante mille hommes à l'invasion du Canada en les répartissant à la Belle-Rivière, Niagara, Carillon et le bas du fleuve[245].

Donc 25 jours à pieds de Boston à Montréal!

Voici la version du notaire royal Louis-Léonard Aumasson de Courville, concernant le même événement, en date du 28 mai 1759 :

> Un corps d'Acadiens que les Anglais avaient emmenés en la Nouvelle-Angleterre les années précédentes, ayant trouvé le moyen de se sauver, se rendirent le vingt-huit mai au fort St-Jean et apportèrent, ou pour mieux dire, confirmèrent la nouvelle qui nous était parvenue, que les Anglais devaient venir en grand nombre à Carillon, ajoutant que nous devions même être attaqués de quatre côtés différents[246].

Puis, on peut lire dans le journal du siège de Québec :

> 1759 juillet 5 – [...] les anglois se sont rendus aussi et ont remis 23 femmes qui avoient été prises ce printemps dans un batteau en venant de Miramichy; Madame Pommeroy et Mademoiselle de St. Vilmé sont du nombre et les autres sont des acadiennes[247].

Donc 21 Acadiennes.

Donc pour les années 1758 et 1759, ce sont seulement 33 Acadiens qui se réfugièrent dans la colonie canadienne, selon les écrits de l'époque; ce qui confirme le fait que peu d'Acadiens se réfugièrent dans la colonie canadienne qui est attaquée.

---

245. *Ibid*, p. 530.

246. Pierre-George Roy, « Mémoire du Canada » (Louis-Léonard Aumasson de Courville), *Rapport de l'archiviste de la province de Québec (RAPQ)*, tome 5, 1924-1925, p. 153.

247. ——, *Journal du siège de Québec. Du 10 mai au 18 septembre 1759*, Québec, publié et annoté par Ægidius Fauteux, 1922, p. 30.

Pourquoi les Acadiens ne restent-ils pas dans la région de Québec ?

Avant de répondre à cette question, il est important de se souvenir que les Acadiens qui vinrent sur le territoire du gouvernement de Québec (entre Deschaillons-sur-Saint-Laurent et Gaspé), l'ont fait à titre de réfugiés de guerre. Les Acadiens n'avaient donc pas l'intention de s'installer au Québec, mais bien de retourner vivre sur leurs terres après la guerre. Ce qui fait d'eux une population mobile.

C'est sous l'ordre du gouverneur Vaudreuil que les Acadiens réfugiés dans la région de Québec se déplacèrent en premier lieu dans la région de Trois-Rivières et ensuite, dans la région de Montréal. L'ordre a été écrit le 1er avril 1759, à Montréal, et on peut le lire dans le **Précis du plan des opérations générales de la campagne de 1759**[248], en préparation à l'attaque des Anglais :

> J'ordonne aux habitans de Rimousky, St-Barnabé et du Bic qu'à la première nouvelle certaine qu'ils en auront sans qu'il leurs soit besoin d'autres ordres, de faire passer leur femmes, enfans et animaux à l'Isle Verte. Il partira des officiers de Québec qui auront ordre de faire les vivières, les fourages qui seront depuis ce lieu jusqu'à la pointe de Lévis [...] Toutes les femmes et enfans passeront le fleuve et iront **se retirer à portée des Trois-Rivières** ou on aura soin de pourvoir à leur subsistance. [...] Les habitants de l'Isle d'Orléans s'occuperont de faire passer au nord de l'isle leurs femmes, enfans et bestiaux afin de les évacuer par la coste du nord.

De plus, dans une lettre de Vaudreuil destinée au ministre, en date du 8 mai 1759[249], on apprend que l'ordre a bel et bien été donné :

248. Précis du plan des opérations générales de la campagne de 1759 (par Vaudreuil de Cavagnial). Archives nationales d'outre-mer (ANOM, France), COL C11A 104/fol.47-52v.

249. Lettre de Vaudreuil de Cavagnial au ministre, Montréal, 8 mai 1759. Archives nationales d'outre-mer (ANOM, France), COL C11A 104/fol.79-83.

> J'ai donné des ordres dans les paroisses d'en bas de ce gouvernement [de Québec] pour réunir les habitants en état de combattre, mettre en sureté leurs femmes, leurs enfants, leurs bestiaux et même leurs fourrages

Les Acadiens suivirent donc les ordres du gouverneur du Canada, Vaudreuil, et plusieurs d'entre eux se réfugièrent à Bécancour. Ils arrivèrent entre le 15 juin 1759 et le 17 novembre 1759. La première date correspond au dernier acte religieux enregistré à Notre-Dame-de-Québec ; il s'agit du baptême de Madeleine Bourg, fille de Jacques Bourg et de Marguerite Cormier. La deuxième date correspond au premier acte religieux enregistré à Nativité de Bécancour ; il s'agit du baptême de François Bourg, fils de Pierre Bourg et d'Anne Richard. Contrairement à ce qu'on peut lire dans les notes de Monseigneur Louis Richard, qui n'avait qu'estimé la date d'arrivée, sans connaître les ordres d'évacuation du gouverneur Vaudreuil, daté du 1er avril 1759 et sans connaître les actes religieux administrés à Notre-Dame-de-Québec. Voici un extrait des notes de Monseigneur Richard, où l'on aurait dû lire « automne 1759 » :

> Les premiers Acadiens qui cherchent refuge à Bécancourt et qu'on trouve dès l'automne 1758 viennent principalement de Beaubassin et paraissent pour la plupart alliés entre eux ou à la famille Cormier. Ce sont :
>
> Joseph Richard, marié à Françoise Cormier,
>
> Pierre Bourg, marié à Anne Richard,
>
> Jacques Bourg, marié à Marguerite Cormier,
>
> Pierre Cormier, marié à Judith [Haché dit] Gallant,
>
> Étienne Migneau, marié à Madeleine Cormier,
>
> Charles Gaudet, veuf de Marie Cormier,
>
> Madeleine Bourg, veuve de Pierre Richard,
>
> Antoine Béloni [Bénoni] Bourg, veuf de Marie Joseph Hébert,

Claude Hébert, marié à Marguerite Robichaud,

Jean-Baptiste Hébert, marié à Marie Anne Amireau,

François Robichaud, marié à Cécile Thibodeau,

Simon Darois, marié à Anne Thibodeau,

François Doucet, marié à Marie Poirier[250].

La confusion vient probablement du fait que nous retrouvons le baptême de Marie-Geneviève Leblanc, le 3 novembre 1758, à Bécancour. Elle est la fille d'Alexis Leblanc et de Marie-Josèphe Provencher. Le nom LeBlanc est très répandu chez les Acadiens. Toutefois, il y avait également des Leblanc chez les Canadiens, notamment cette famille de Leblanc établie dans la région de Trois-Rivières depuis au moins trois générations, sans avoir de lien connu avec les LeBlanc acadien : cet Alexis Leblanc est le fils de René Leblanc et de Marie-Jeanne Bourbeau, de Bécancour. Ce René Leblanc est le fils de Nicolas Leblanc et Madeleine Dutault[251].

Il est important de savoir aussi que Joseph-Michel Legardeur de Croisille et de Montesson fut officier dans les troupes de la Marine et combattit en Acadie en 1746 et en 1747. En 1755, il devint seigneur de Bécancour. En 1758, de Montesson était à Kamouraska, afin de surveiller le poste de signalisation. C'est donc ainsi qu'il entra en contact avec les Acadiens et qu'il les invita à venir se réfugier dans sa seigneurie[252], et ce, après avoir reçu les ordres du gouverneur Vaudreuil en 1759.

---

250. Louis Richard (Monseigneur), *Les familles acadiennes de la région de Trois-Rivières*, Société de généalogie de la Mauricie et des Bois-Francs, 1990, p. 7.

251. Cyprien Tanguay, *Dictionnaire généalogique des familles canadiennes, 1700-1760*, vol. 5, Montréal, Eusèbe Senécal & Fils – imprimeurs-éditeurs, 1888, p. 223-226.

252. Malcolm MacLeod, « Legardeur de Croisille (Croizille) et de Montesson, Joseph-Michel », *Dictionnaire biographique du Canada* [En ligne], 2000, [http://www.biographi.ca/009004-119.01-f.php?&id_nbr=2007] (Consulté le 14 mars 2013).

Également, le premier acte religieux enregistré à Nicolet est daté du 25 septembre 1760 et il s'agit du mariage de l'Acadienne Marie Agathe Pitre avec Jean-Baptiste Defosse. Pareillement au premier acte religieux enregistré à Yamachiche, daté du 10 novembre 1760. Il s'agit du mariage de l'Acadienne Marie-Josèphe Lord (Laure) avec Étienne Hérou.

Donc, les Acadiens n'arrivèrent dans la région de Trois-Rivières qu'à partir de la fin du mois de juin 1759, soit au plus tard au début du mois de novembre 1759.

La migration des Acadiens réfugiés dans la région de la rivière Saint-Jean 1759

Un groupe d'Acadiens échappa à la chasse à l'homme de l'expédition de Monckton qui s'étala du 16 septembre 1758 au mois de janvier 1759 ; expédition qui avait pour but de capturer les Acadiens réfugiés sur tout le long de la rivière Saint-Jean. Les soldats y brûlèrent les maisons, tuèrent quelques Acadiens et en capturèrent vingt-trois. Après le départ des soldats de Monckton, qu'est-il arrivé des survivants acadiens ? Voici ce qu'on peut lire dans le journal du marquis de Montcalm :

> Du 17 au 27 mars 1759. – Nulle nouvelle des ennemis ; le sieur de Boishébert et le sieur de Beaubassin doivent être partis de Québec pour aller du côté de la rivière Saint-Jean avec des instructions si obscures qu'elles laissent à douter si l'intention du marquis de Vaudreuil est de retirer les sauvages et Acadiens qui y restent, qui n'y sont d'aucune utilité et qui coûtent fort cher au Roi[253].
>
> [...]
>
> Du 11 avril 1759. – Arrivée d'un Canadien, qui vient avec une lettre du sieur de Niverville dire qu'un détachement de cent Anglois, qui a remonté trente lieues la rivière Saint-Jean,

253. Henri Raymond Casgrain, *Journal du marquis de Montcalm durant ses campagnes en Canada de 1756 à 1759*, Québec, Imprimerie de L.-J. Demers & frères, 1895, p. 498.

> a fait six prisonniers et tué six Acadiens, et qu'on étoit fort embarrassé parce qu'on mouroit de faim, qu'on manquoit de vivres et qu'à peine en avoit-on pour se replier. A quoi M. le marquis de Vaudreuil a répondu verbalement : « C'est leur faute. Que ne revenoient-ils ? J'ai envoyé Boishébert ; j'ai donné des ordres. Retournez dire aux Acadiens qu'ils viennent à Témiscouata, qu'ils y trouveront des vivres »[254].

C'est donc ainsi qu'un groupe d'une dizaine de familles acadiennes dirigé par Michel Bergeron suivit les ordres du gouverneur Vaudreuil et se réfugia dans les alentours de Kamouraska. Ce groupe d'Acadiens arriva donc au printemps de 1759. Par la suite, ces Acadiens suivirent l'ordre d'évacuation du gouverneur Vaudreuil et se réfugièrent dans la région de Bécancour.

Le siège de Québec 1759

Les rumeurs étaient persistantes. Le gouverneur avait ordonné l'évacuation de la région de Québec. Tous étaient prêts à faire face à l'envahisseur britannique ; évidemment, dans la mesure du possible. Les premiers vaisseaux de guerre ennemis arrivèrent à Québec, le 15 mai 1759. La tristement célèbre bataille des Plaines d'Abraham eut lieu le 13 septembre et Québec capitula le 18 septembre 1759. Les hommes et les adolescents acadiens en santé, de la région de Québec, furent mis à contribution, comme en témoigne cet extrait du journal du marquis de Montcalm :

> Du 21 juin 1759. M. de Ramezay, lieutenant de Roi de Québec, a fait et commu niqué le dénombrement des milices de la ville. On y comprend une compagnie d'écoliers des Jésuites, que des mauvais plaisants appellent Royal-Syntaxe, **les Acadiens**, cent soixante-quatorze charrons, ouvriers non combattants quatre cent soixante, pour le service journalier. L'étoffe manque à tous égards, et on parie encore que les Anglois ne viendront pas[255].

254. *Ibid.*, p. 507.
255. *Ibid.*, p. 551.

> Le 13 septembre 1759, une heure à peine après la bataille des Plaines d'Abraham, regroupés en ce lieu autour d'une boulangerie, 200 miliciens canadiens et acadiens affrontèrent, de leur propre initiative et pour faire diversion, quelque 800 soldats de l'armée de Wolfe[256].

Pas surprenant de constater l'échec de la colonie canadienne qui ne faisait pas le poids. Après la capitulation de Québec, un groupe d'environ 200 Acadiens auraient demandé de prêter le serment d'allégeance auprès du juge Cramahé. Par la suite, ils quittèrent la capitale au mois de novembre pour retourner en Acadie. Ces Acadiens furent accompagnés des missionnaires : le père Cocquart et le père Charles Germain. Lorsqu'ils arrivèrent au Fort Frederic[257], les délégués acadiens présentèrent la lettre du juge Cramahé, qui était signée par Monckton, qui attestait que ces derniers avaient prêté le serment d'allégeance et qu'il leur était permis de reprendre leur terre. Le colonel Arbuthnot ne crut pas les Acadiens, croyant que ladite lettre était frauduleuse, et les fit emprisonner[258].

Pourquoi peu ou pas d'Acadiens se réfugièrent après 1760 ?

En 1760, la Nouvelle-France a déjà perdu les colonies de l'île Royale et de l'île Saint-Jean avec la capitulation de Louisbourg, le 26 juillet 1758. Ensuite, Québec capitule le 18 septembre 1759 et les attaques britanniques se concentrent donc sur Montréal. Où les Acadiens peuvent-ils se réfugier dans ces circonstances ?

---

256. ——, « Honneur aux miliciens acadiens de 1759 » (Plaque commémorative dévoilée le 15 août 1997, au belvédère du jardin de Saint-Roch, à Québec –réalisation conjointe de la Ville de Québec et de la Commission de la capitale nationale du Québec), *Coalition des Organisations acadiennes du Québec* [En ligne], 2008-2013 [http://acadiensduquebec.org/miliciens1759.htm] (Consulté le 14 mars 2013).
257. Aujourd'hui, Fredericton, Nouveau-Brunswick. À l'époque de l'Acadie française, c'était Sainte-Anne-des-Pays-Bas.
258. Henri Raymond Casgrain, « Les Acadiens après leur dispersion (1755-1775) », *Revue canadienne*, Paris, 15 décembre 1886, p. 244-245.

Moins d'un an plus tard, le gouverneur général de la Nouvelle-France, le marquis Pierre de Rigaud de Vaudreuil de Cavagnial, capitule et signe les articles de capitulation avec le général Jeffery Amherst, commandant en chef des troupes et des forces de Sa Majesté Britannique en Amérique Septentionale, le 8 septembre 1760. Cinq articles concernent les Acadiens : 36, 38, 39, 41 et 55. Les voici[259] :

1. Article 36 : « Si par le traité de paix, le Canada reste à Sa Majesté Britannique, tous les François, Canadiens, **Acadiens**, commerçants et autres personnes qui voudront se retirer en France, en auront la permission du général Anglois, qui leur procurera le passage et néanmoins, si, d'ici cette décision, il se trouvoit des commerçants françois ou Canadiens ou autres personnes qui voulussent passer en France, le général anglois leur en donneroit également la permission. Les uns et les autres emmèneront avec eux leurs familles, domestiques et bagages. »

   Réponse d'Amherst : « Accordé. »

2. Article 38 : « **Tous les peuples sortis de l'Acadie**, qui se trouveront en Canada, y compris les frontières du Canada du côté de l'Acadie, auront le même traitement que les Canadiens et jouiront des mêmes privilèges qu'eux. »

   Réponse d'Amherst : « C'est au Roi à disposer de ces anciens sujets. En attendant, ils jouiront des mêmes privilèges que les Canadiens. »

3. Article 39 : « Aucuns Canadiens, Acadiens, ni François, de ceux qui sont présentement en Canada et sur les frontières de la colonie du côté de l'Acadie, du Détroit, de Michilimakinac et autres lieux et postes des pays d'En-haut, ni les soldats mariés et non mariés restant en Canada, ne pourront être portés ni transmigrés dans les colonies

259. Henri Raymond Casgrain, *Journal des campagnes du chevalier de Lévis en Canada de 1756-1760*, Montréal, C.O. Beauchemin & fils, Librairies-Imprimeurs, 1889, p. 316-335.

angloises, ni en l'ancienne Angleterre, et ils ne pourront être recherchés pour avoir pris les armes. »

Réponse d'Amherst : « Accordé, **excepté à l'égard des Acadiens.** »

4. Article 41 : « Les François, Canadiens et **Acadiens** qui resteront dans la colonie, de quelque état et condition qu'ils soient, ne seront, ni ne pourront être forcés à prendre les armes contre Sa Majesté Très Chrétienne, ni ses alliés, directement ni indirectement. Dans quelque occasion que ce soit, le gouvernement britannique ne pourra exiger d'eux qu'une exacte neutralité. »

   Réponse d'Amherst : « Ils deviennent sujets du Roi. »

5. Article 55 : « Quant aux officiers de milices, aux miliciens et aux **Acadiens** qui sont prisonniers à la Nouvelle-Angleterre, **ils seront renvoyés sur leurs terres.** »

   Réponse d'Amherst : « Accordé, à la réserve de ce qui regarde les Acadiens. »

À la lumière de ces articles de capitulation ainsi que des réponses accordées par le général Amherst, on comprend bien que les Acadiens n'étaient pas bien vus des Britanniques et on comprend mieux pourquoi peu ou pas d'Acadiens vinrent se réfugier dans la colonie canadienne entre 1760 et le traité de Paris signé le 10 février 1763.

Le dernier bastion : Petite-Rochelle, Ristigouche

Tout au fond de la baie des Chaleurs, dans l'estuaire de la rivière Ristigouche, il y avait encore un poste français sous le commandement de Jean-François Bourdon. Après la déportation de 1758, plusieurs résidents de Malpèque ayant été épargnés fuirent l'île Saint-Jean et se réfugièrent, entre autres, à Petite-Rochelle et à Miramichi (où se réfugia l'abbé Bernard-Sylvestre Dosque, curé de Malpèque). Le 15 mai 1760, trois navires français chargés de ravitaillements et de munitions arrivèrent dans le golfe du Saint-Laurent. Tout en se dirigeant vers

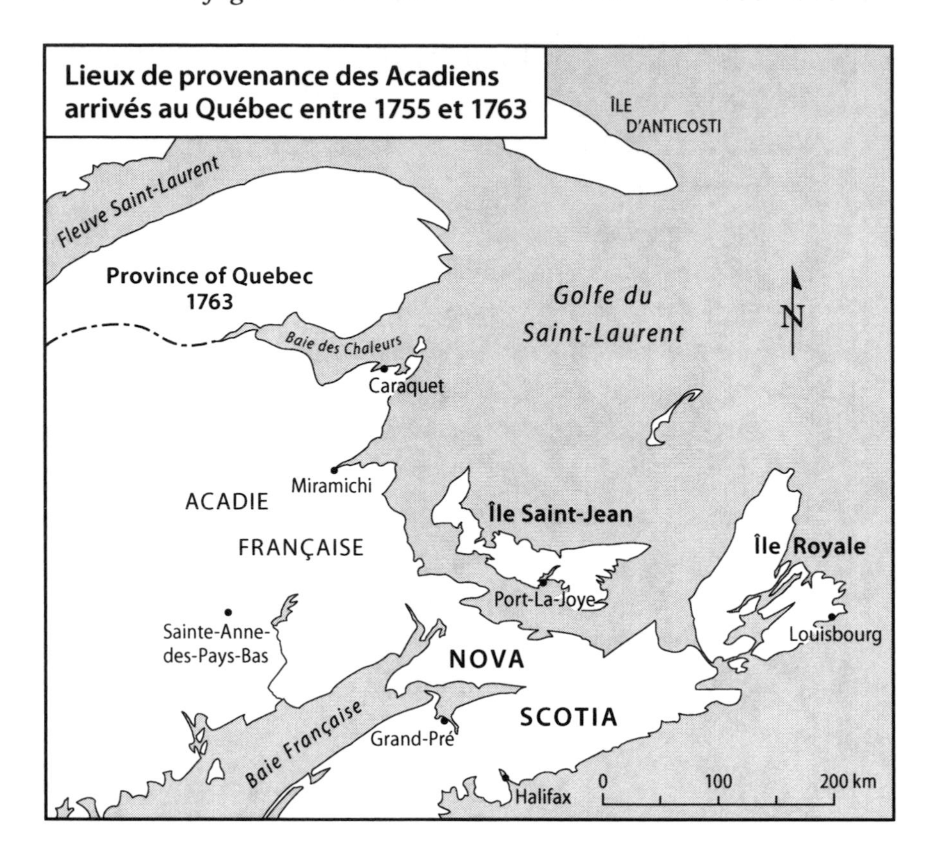

Québec, ils firent une escale dans les alentours de Gaspé. C'est à ce moment qu'ils apprirent que plusieurs bateaux britanniques se trouvèrent sur le fleuve Saint-Laurent. En apprenant cela, ils décidèrent de se réfugier à Petite-Rochelle, où ils arrivèrent le 18 mai. Quelques jours plus tard, les autorités britanniques installées à Louisbourg apprirent la nouvelle de l'arrivée des vaisseaux français. Le 17 juin, ils envoyèrent donc une flotte sous la direction de John Byron pour les capturer. *Le Machault* est coulé par les Français, afin de bloquer l'entrée de la rivière Ristigouche. La bataille commença le 22 juin et se termina le 8 juillet, car les Français firent couler les deux autres navires, soit *Le Bienfaisant* et *Le Marquis-de-Malauze*. Les Britanniques quittèrent par la suite la baie des Chaleurs. L'année suivante, le petit bastion français est toujours en place. Ils apprirent la capitulation de Montréal, le 23 octobre 1760. Le lendemain, le commissaire Bazagier fit un recensement de Petite-Rochelle, où l'on retrouve 1 003 personnes ; la très grande majorité de la population est Acadienne. Ils se rendirent aux Britanniques le 29 octobre. Tous ? Non, un petit groupe réussit à s'enfuir et fonda le village de Bonaventure.

Récapitulation des arrivées des Acadiens

Lieu d'embarquement	Bateau	Nombre	Destination	Date d'arrivée
Île Saint-Jean	goélette…	environ 200	Québec	vers le 22 juin 1756
	goélette *La Flore*	environ 200	Québec	vers le 27 août 1756
	flûte *L'Outarde* et un langard…	environ 200	Québec et certains sont redirigés vers l'île d'Orléans	vers le 18 octobre 1756
Sainte-Anne-des-Pays-Bas	par canots via le portage du Témiscouata	environ 120	Entre Montmagny et Trois-Pistoles	été 1757
Miramichi	probablement à bord d'un des navires suivants : *Le David, Le Président-Le-Berthon* ou *Le Jason.*	120	Québec	13 juin 1757
Sainte-Anne-des-Pays-Bas, via Miramichi	probablement à bord du navire *Le Brillant*	environ 200	Québec	vers le 10 juillet 1757
	probablement à bord du navire *Le Rameau*	environ 160	Québec	vers le 18 août 1757
Caroline, Nouvelle-Angleterre	inconnu	4	Montréal	le 8 septembre 1757
Probablement de **Miramichi**	brigantin…	150	Québec	16 octobre 1757
Île Saint-Jean	inconnu… un bateau acheté par les Acadiens	125	Québec	vers le 20 octobre 1757
	possible que ce soit sur *L'Apollon*	150 (ou 137)	Québec	8 novembre 1757

Lieu d'embarquement	Bateau	Nombre	Destination	Date d'arrivée
Dingerfil, Massachusetts	par canots sur la rivière de Massachusetts	9 Acadiens	Montréal	30 mai 1758
Boston, Massachusetts	Ils « sont arrivés aujourd'hui par les terres ».	3 Acadiens	Montréal	5 mai 1759
Miramichi	inconnu	21 Acadiennes	Québec	5 juillet 1759
Sainte-Anne-des-Pays-Bas	par canots via le portage du Témiscouata	environ 80	Kamouraska, ensuite Bécancour	printemps 1759
Petite-Rochelle, Ristigouche	chaloupes	environ 100	Bonaventure	fin octobre 1760

Les dates à retenir

1755 (automne) :

Les premiers réfugiés de l'île Saint-Jean arrivèrent à Québec.

1756 (vers le 22 juin) :

Les premiers Acadiens en provenance de l'île Saint-Jean arrivèrent à Québec. Ils étaient environ 200 Acadiens.

1756 (vers le 27 août) :

Environ 200 Acadiens de l'île Saint-Jean se réfugièrent à Québec.

1756 (vers le 18 octobre) :

200 Acadiens de l'île Saint-Jean arrivèrent à Québec, avec le père Jean-Baptiste de La Brosse.

1757 (été) :

Une quinzaine de familles acadiennes remontèrent la rivière Saint-Jean et se réfugièrent dans les alentours de Kamouraska.

1757 (13 juin) :

120 Acadiens de Miramichi se réfugièrent à Québec.

1757 (vers le 10 juillet) :

Environ 200 Acadiens de Sainte-Anne-des-Pays-Bas, via Miramichi, arrivèrent à Québec.

1757 (vers le 18 août) :

Environ 160 Acadiens de Sainte-Anne-des-Pays-Bas, via Miramichi, se réfugièrent à Québec avec le père spiritain François Le Guerne.

1757 (16 octobre) :

150 Acadiens de Miramichi arrivèrent à Québec avec Charles Deschamps de Boishébert, officier militaire.

1757 (vers le 20 octobre) :

125 Acadiens de l'île Saint-Jean se réfugièrent à Québec.

1757 (8 novembre) :

150 (ou 137) Acadiens de l'île Saint-Jean se réfugièrent à Québec.

1757-1758 (du 1er novembre au 1er mars) :

335 sépultures d'Acadiens à Notre-Dame-de-Québec.

1758-1759 :

Ce sont 33 Acadiens qui se réfugièrent dans la colonie canadienne.

1759 (1er avril) :

Les ordres d'évacuation du gouvernement de Québec furent donnés par le gouverneur Vaudreuil de Cavagnial. Plusieurs Acadiens quittèrent la région de Québec pour se réfugier dans la région de Trois-Rivières ainsi que dans la région de Montréal, notamment à L'Assomption.

1759 (printemps) :

Un groupe d'une dizaine de familles acadiennes de la rivière Saint-Jean se réfugia dans les alentours de Kamouraska. Ce qui totalise 25 familles d'environ 200 Acadiens réfugiés entre Montmagny et Trois-Pistoles depuis 1757.

1759 (novembre) :

Environ 200 Acadiens quittèrent Québec pour retourner dans la région de Sainte-Anne-des-Pays-Bas. Ils furent emprisonnés par les autorités britanniques.

1760 (fin octobre) :

Environ 100 Acadiens fondèrent Bonaventure.

Chapitre 10

L'arrivée des Acadiens déportés en Nouvelle-Angleterre de 1766 à 1775

L'offre de Murray

Après la capitulation de Montréal en 1760, plusieurs Canadiens et Français, notamment des nobles et des commerçants, retournèrent vivre en France. Après la signature du traité de paix en 1763, les autorités britanniques comptaient sur une immigration anglophone pour remplacer la population qui avait quitté la colonie canadienne, mais très peu vinrent s'installer dans la *Province of Quebec*. C'est pour cette raison que le 1er mars 1765, le général James Murray permit aux Acadiens de venir s'y installer, en offrant « 100 arpents de terre aux immigrants qui viendraient peupler la colonie. [...] On compte en 1765 quelque 890 Acadiens à travers toute la Nouvelle-Angleterre, s'inscrivant pour un départ vers Québec[260]. » Environ 719[261] d'entre eux répondirent à l'offre de Murray. Toutefois, les premiers Acadiens à venir s'établir au pays n'arrivèrent qu'en 1766. Pourquoi ? Puisque ces derniers devaient faire le voyage à leur frais. Ils mirent donc l'argent de côté pendant au moins un an ou deux, avant de s'embarquer sur le navire qui les amènerait

---

260. Adeline VASQUEZ-PARRA, « L'accueil des exilés acadiens suite au Grand-Dérangement dans la colonie du Massachusetts de 1755 à 1775 », *International Journal of Canadian Studies/Revue internationale d'études canadiennes*, n° 44, 2011, p. 102-103.

261. Au total, environ 800 Acadiens vinrent s'établir au Québec entre 1765 et 1775. On sait que 81 Acadiens arrivèrent de France en 1774, donc 800 moins 81 Acadiens, cela nous donne un total de 719.

dans l'ancienne colonie du Canada, dans l'espoir de retrouver des membres de leur famille et d'enfin recommencer une vie paisible. C'est donc dix ans après la Déportation que des familles retrouvèrent des membres de leur famille réfugiés au Canada depuis 1756, 1757, 1758 ou 1759.

Les premiers Acadiens arrivèrent à Québec

Le premier contingent d'Acadiens déportés en Nouvelle-Angleterre arriva à Québec le 1er septembre 1766. Selon *The Quebec Gazette* : « La goélette *Terry* est arrivée la nuit dernière de Boston avec 40 Acadiens qui viennent s'établir ici avec l'avantage de leur religion[262]. » Le second arriva quelques jours plus tard, soit le 8 septembre 1766 : « La goélette *Good Intent*, capitaine Samuel Harris, est arrivée ici jeudi avec un grand nombre d'Acadiens qui viennent s'établir dans cette province[263]. » Ils étaient « quatre-vingt-dix hommes, femmes et enfants[264] », selon une résolution du Conseil de Québec, datée du 8 septembre 1766 :

> Le conseil se réunit aujourd'hui [8 septembre 1766] pour lire une requête d'un certain nombre d'Acadiens justement arrivés de la province de la Nouvelle-Angleterre, en conséquence d'une lettre de son excellence le gouverneur Murray a [...] adressée en avril en réponse à une requête des Acadiens datée le 28 février 1766.
>
> Le conseil [...] d'avis qu'ordre devrait être donné au commissaire des provisions du Roi de distribuer aux Acadiens, au nombre de quatre-vingt-dix hommes, femmes et enfants, des

---

262. Placide Gaudet, « Gazette de Québec, septembre 1766 », *Rapport concernant les archives canadiennes (RAC) pour l'année 1905*, vol. II, Ottawa, Archives publiques de Canada, 1906, appendice A, 3e partie, app. E, p. 157.

263. *Ibid.*

264. Toutefois, il existe une différence notable : « 90 Acadiens, sans compter les femmes et les enfants ». Placide Gaudet, « Gazette de Québec, septembre 1766 », *Rapport concernant les archives canadiennes (RAC) pour l'année 1905*, vol. II, Ottawa, Archives publiques de Canada, 1906, appendice A, 3e partie, app. E, p. 157.

> provisions pour un mois et qu'avis devrait être publié, informant les différents seigneurs de cette province de l'arrivée de ces gens, afin qu'ils puissent, sans perdre de temps, s'entendre avec eux pour les établir sur leurs terres aux meilleures conditions possibles.
>
> Résolu, qu'ordre soit donné au commissaire : de fournir une ration complète aux hommes et aux femmes, et une demi-ration aux enfants[265].

Le 25 septembre 1766, 68 Acadiens arrivent à Québec, en provenance de la Nouvelle-Angleterre, dans le but de s'y installer[266]. Une résolution du Conseil de Québec, datée du 26 septembre 1766, accorde un mois de provision aux nouveaux arrivants.

Les arrivées en 1767

Ensuite, « au mois de mai 1767, une quarantaine de familles, formant quelques centaines d'Acadiens, arrivées à Québec, du Massachusetts et du Connecticut, par goélette[267] », ainsi que de Philadelphie[268]. Malheureusement, on ne connaît pas le nombre de personnes ainsi que le nom des goélettes. Un

---

265. Placide GAUDET, « Fonds Placide-Gaudet (cote 1.17-16) », Centre des études acadiennes. Anselme-Chiasson [En ligne], 2013, [http://www4.umoncton.ca/outil/doc.cfm?&identifier=000637&bd=CEA&searchtype=cea&admin=false&fromrow=46&subjectids=31] (Consulté le 14 mars 2013).

266. *Ibid.*

267. Bona ARSENAULT, *Histoire des Acadiens*, Québec [Saint-Laurent], 1994, p. 244. Une autre source nous informe de cette arrivée : « En mai 1767, un nouveau contingent « d'Acadiens de nation » vint de « Canaticotte » (Connecticut), ou de la « province de Boston » – rejoindre les frères acadiens déjà rendus à l'Assomption. » François LANOUE, *Une nouvelle Acadie. Saint-Jacques-de-L'Achigan, 1772-1972*, Joliette, Imprimerie Saint-Viateur, 1972, p. 50.

268. Pierre-Maurice HÉBERT, *Les Acadiens du Québec*, Montréal, Éditions de L'Écho, 1994, p. 293.

second contingent d'Acadiens arriva au mois d'août 1767[269]. Il était au nombre de 240 personnes en provenance de Norwich, Connecticut. Ils arrivèrent à Québec, à bord du brick (type de bateau) *Pitt*. Ces derniers s'installèrent sur les terres au nord à L'Assomption. Trois ans plus tard, un nouveau village se distinguera et se sépara de L'Assomption et sera nommé Saint-Jacques-de-la-Nouvelle-Acadie (qui sera renommé plus tard au nom de Saint-Jacques-de-l'Achigan). D'autres s'installèrent à Saint-Ours, à Saint-Denis-sur-Richelieu, ainsi que dans la grande région de Trois-Rivières.

Pour estimer le nombre d'Acadiens qui se trouvait à bord de ce deuxième convoi de 1767, il faut évaluer toutes les arrivées d'Acadiens connus. On sait qu'il y a trois convois qui arrivèrent en 1766 (40 Acadiens, 90 Acadiens et 68 Acadiens). Il y a aussi les 240 Acadiens qui arrivèrent en 1767. De plus, on sait que 80 Acadiens arrivèrent en 1768 (leur histoire sera présentée plus loin). Ce qui fait un total de 518 Acadiens sur 719 arrivés en 1766, 1767 et 1768, en provenance majoritairement du Massachusetts et du Connecticut. Il manque donc 201 Acadiens. Ce qui correspondrait au premier groupe d'Acadiens qui arriva en 1767.

Vinrent-ils tous par bateau?

Par cette démonstration, on est en mesure de conclure que les Acadiens déportés en Nouvelle-Angleterre arrivèrent bel et bien par bateau, contrairement à plusieurs mythes et légendes qui nous racontent, par exemple, des marches héroïques entre Boston et Montréal, ce qui correspond à une distance d'environ 500 km. Un bel exemple nous provient du roman d'Antonine

---

269. « À la fin du mois de juin 1767, 240 Acadiens quittent le Connecticut pour aller à Québec à bord du Pitt. Ils arrivent tôt en août. » Paul Delaney, « The Chronology of the Deportations and Migrations of the Acadians 1755-1816 », *Acadian & French Canadian Ancestral Home* [En ligne], 2008, [http://www.acadian-home.org/Paul-Delaney-Chronology.html] (Consulté le 13 mars 2013).

Maillet, *Pélagie-la-Charrette* (1979), où l'on raconte une épopée du retour des Acadiens exilés en Nouvelle-Angleterre.

Ces mythes et légendes sont toutefois fondés sur quelques faits vécus, comme nous l'avons vu au préalable. Voici un rappel des faits que l'on peut lire dans le journal du marquis de Montcalm :

> Le 30 mai 1758 : Un des petits partis abénaquis, allé à la guerre, partie chasse, partie guerre, est de retour après avoir fait trois chevelures dans un moulin où nous avions **neuf de nos malheureux Acadiens** travaillant pour les Anglois[270].
>
> Le 30 mai 1759 : **Trois Acadiens** et un François, prisonniers de Beauséjour, se sont sauvés de Boston le 5 de ce mois et sont arrivés aujourd'hui par les terres. Ils rapportent que les Anglois destinent soixante mille hommes à l'invasion du Canada en les répartissant à la Belle-Rivière, Niagara, Carillon et le bas du fleuve[271].

Ces Acadiens ont donc marché pendant 25 jours, puisqu'ils sont partis de Boston le 5 mai et ils sont arrivés le 30 mai. Il semble donc s'agir de cas isolés et non pas des familles entières avec des personnes âgées et de jeunes enfants... Cependant, il serait vraisemblable qu'en 1768, un groupe de 80[272] Acadiens de New York ait remonté la rivière Hudson en chaloupes, et ait pris la route du portage à pied (entre Glens Falls et Lake George, une distance d'environ 15 km) qui l'aurait amené du lac Champlain à la rivière Richelieu en chaloupes, pour ensuite s'installer à Petite-Rivière-de-Montréal (qui fut renommé Sainte-Marguerite de Blairfindie et connu aujourd'hui sous le

---

270. Henri Raymond Casgrain, *Journal du marquis de Montcalm durant ses campagnes en Canada de 1756 à 1759*, Québec, Imprimerie de L.-J. Demers & frères, 1895, p. 359.

271. *Ibid.*, p. 530.

272. Selon une lettre de Jacques Marchand des Ligneries, curé de Laprairie, datée de 1768 et adressée à Mgr Briand. Voir la note # 36, à la page 284, dans : Hébert, Pierre-Maurice, *Les Acadiens du Québec*, Éditions de L'Écho, Montréal, 1994, 478 p.

nom de L'Acadie). Ces Acadiens n'avaient pas la somme d'argent requise pour se payer le voyage par bateau via l'océan Atlantique jusqu'au port de Québec. Dans les registres de la paroisse de Notre-Dame-de-LaPrairie-de-la-Madeleine, on retrouve le baptême de Firmin Dupuy âgé de neuf ans, le 13 mars 1768, fils d'Olivier Dupuy et d'Anne Boudreau, originairement de Grand-Pré.

Les Acadiens recrutés dans la région de Saint-Malo

Finalement, en avril 1774, le commerçant de pêche Charles Robin, un Jersiais (de l'île Jersey) installé à Paspébiac, en Gaspésie, depuis 1766, recruta des familles acadiennes dans la grande région de Saint-Malo, notamment Jean-Baptiste Robichaux[273] et Félicité Cyr qui s'étaient mariés le 4 février 1773, à Saint-Servan. Charles Robin ramena avec lui 81 Acadiens à bord de deux navires, le *Hope* et le *Bee*, afin qu'ils travaillent pour lui. Ils arrivèrent en mai 1774. Le 30 mai, le lieutenant-gouverneur ordonne de prêter le serment d'allégeance à ces nouveaux venus[274].

273. Donat Robichaud, « Robichaux (Robichaud, Robicheau), Jean-Baptiste », *Dictionnaire biographique du Canada* [En ligne], 2000, [http://www.biographi.ca/009004-119.01-f.php?&id_nbr=2635] (Consulté le 14 mars 2013).

274. Placide Gaudet, « Fonds Placide-Gaudet (cote 1.17-16.) », Centre des études acadiennes. Anselme-Chiasson [En ligne], 2013, [http://www4.umoncton.ca/outil/doc.cfm?&identifier=000631&bd=CEA&searchtype=cea&admin=false&subjectids=31] (Consulté le 14 mars 2013).

Récapitulation des arrivées des Acadiens

Lieu d'embarquement	Bateau	Nombre	Destination	Date d'arrivée
Boston	goélette *Terry*	40	Québec	1er septembre 1766
Nouvelle-Angleterre	goélette *Good Intent*	90	Québec	8 septembre 1766
	inconnu	68	Québec	25 septembre 1766
Massachusetts, Connecticut et Philadelphie	plusieurs goélettes	environ 201	Québec	mai 1767
Norwich, Connecticut	brick *Pitt*	240	Québec	août 1767
New York	chaloupes via le portage du lac Champlain	80	Petite-Rivière-de-Montréal (L'Acadie)	mars 1768
Grande région de Saint-Malo, France	deux navires : le *Hope* et le *Bee*	81	Paspébiac, Gaspésie	mai 1774

Chapitre 11

L'installation des Acadiens au Québec

Validation des baptêmes et mariages

Dès l'arrivée des Acadiens déportés en Nouvelle-Angleterre, ces derniers firent valider les mariages contractés en terre d'exil et firent baptiser leurs enfants. En voici quelques exemples :

> Le 27 octobre 1766. – Michel Robichau et Marguerite Landry, Acadiens, ont aujourd'hui renouvelé leur consentement de mariage en présence du curé Ménage. Dans l'acte du registre nous lisons ce qui suit : « Lesquels (Michel Robichau et Marguerite Landry) nous ont montré un écrit par lequel il est dit qu'ayant été faits prisonniers par les Anglais, et chassés de leur pays, faute de recevoir les leçons et la doctrine des ministres anglais, ils se seraient mariés en présence de leurs parents assemblés et des vieillards acadiens, dans la Nouvelle-Angleterre, dans l'espérance de renouveler leur mariage, si jamais ils pouvaient tomber, leur prison finie, entre les mains de prêtres français. » (Reg[istre] de Deschambault)[275]
>
> [...]
>
> Le 9 août 1767. – Un grand nombre de familles acadiennes, dont les enfants n'avaient pas été baptisés, les présentent à l'église, pour qu'ils reçoivent le sacrement de régénération. (Reg[istre] de la Sainte-Anne d'Yamachiche)[276]
>
> [...]

275. Cyprien TANGUAY, *À travers les registres*, Montréal, Librairie Saint-Joseph/Cadieux & Derome, 1886, p. 189.

276. *Ibid.*, p. 204.

Le 1er septembre 1767. – Rose Gaudet, Acadienne, expose que son mari, Jean-Pierre Emond, aussi Acadien, a été pris par les Anglais et transporté à Philadelphie ; qu'elle-même s'est réfugiée avec quelques parents, en 1755 [sic, plutôt 1756 ou 1757], à Saint-Vallier ; que désirant épouser Louis Boutin, elle produit un certificat de R. P. Louis, missionnaire, à Bécancour, par lequel Olivier Thibodeau, arrivé de la Nouvelle-Angleterre, atteste avoir une lettre qui marquait la mort de son mari ; de plus, un nommé Tempdoux, Acadien, venant de Philadelphie, porteur des hardes du dit Jean-Pierre Emond, dit l'avoir enseveli. (Reg[istre] des Procès-verbaux, Arch. de Québec, 1767.)[277]

Les *petites Cadies*

Comme on le sait, les Acadiens réfugiés dans la colonie canadienne n'y étaient que temporairement, car leur but ultime était de retourner sur les terres qu'ils avaient défrichées. Toutefois, quelques-uns d'entre eux décidèrent d'accepter une concession de terre afin de s'y installer. Probablement que ces derniers avaient l'intention de la revendre une fois la paix revenue, pour éventuellement retourner en Acadie. C'est ce que certains Acadiens réfugiés dans Bellechasse firent. Qu'est-ce que les *petites Cadies* ? Les *petites Cadies* ce sont des lieux où une majorité d'Acadiens s'installèrent et fondèrent de nouveaux villages. C'est en quelque sorte une reproduction de l'Acadie sur une petite échelle. Ce sont cinq *petites Cadies* qui virent le jour entre 1755 et 1775, puisque finalement, ils décidèrent majoritairement de rester dans leur nouvelle colonie.

Saint-Gervais

Cette première *petite Cadie* est située dans le comté de Bellechasse, au sud-est de Québec. La « Nouvelle-Cadie » est en fait le prolongement de la seigneurie de Saint-Michel Livaudière ; qu'on appelle aussi « augmentation ». Elle appartenait

277. *Ibid.*, p. 206.

Les ***petites Cadies***	**Année d'arrivée des Acadiens**	**Année d'ouverture des registres religieux**
1. Saint-Gervais	1756	1780
2. Sainte-Marguerite (Saint-Grégoire-de-Nicolet)	1759[A]	1802
3. Saint-Jacques-de-la-Nouvelle-Acadie (Saint-Jacques)	1759[B]	1774
4. Bonaventure	1760[C]	1771
5. Petite-Rivière-de-Montréal[D] (L'Acadie)	1764[E]	1784

A. Le premier acte religieux enregistré à Nativité de Bécancour est daté du 17 novembre 1759. Il s'agit du baptême de François Bourg, fils de Pierre Bourg et d'Anne Richard.

B. Le premier acte religieux enregistré à L'Assomption est daté du 21 juillet 1759. Il s'agit de l'inhumation de Christophe Richard, âgé de quatre mois, fils de Pierre Richard et de Magdeleine Cellier.

C. Le 5 avril 1787, 20 Acadiens de Bonaventure déclarent qu'ils sont sur leurs terres depuis 28 ans (1759). Toutefois, ils semblent qu'ils arrivèrent plutôt en 1760, après le recensement du 24 octobre, à Ristigouche (voir page 163). Christian BLAIS, « Pérégrinations et conquête du sol (1755-1836) : l'implantation acadienne sur la rive nord de la Baie-des-Chaleurs », *Acadiensis*, vol. 35, septembre 2005, p. 3-23.

D. Cette municipalité fut renommée Sainte-Marguerite de Blairfindie et connue aujourd'hui sous le nom de L'Acadie.

E. La première concession d'une terre à un Acadien est enregistrée le 9 août 1764. Il s'agit de Jean-Baptiste Cire. Stanislas-Albert MOREAU, *Histoire de L'Acadie, province de Québec*, Montréal, s.e., 1908, p. 28.

à Michel-Jean-Hugues Péan, membre de la *Grande Société* (voir p. 143). Les premiers Acadiens arrivèrent dans la « Nouvelle-Cadie » dès avril 1756. En tout, ce sont 70 familles acadiennes[278] qui s'y installèrent. Toutefois, tous les Acadiens ne restèrent pas à Saint-Gervais. Certains d'entre eux retournèrent même en Nouvelle-Écosse, notamment à Eastern Passage, près d'Halifax. D'autres iront rejoindre leurs familles installées dans les autres Cadies ou ailleurs au Québec. Avant l'ouverture des registres de la paroisse, les Acadiens fréquentaient l'église de Saint-Charles-de-Bellechasse.

278. Pierre-Maurice HÉBERT, *Les Acadiens du Québec*, Montréal, Éditions de L'Écho, 1994, p. 108.

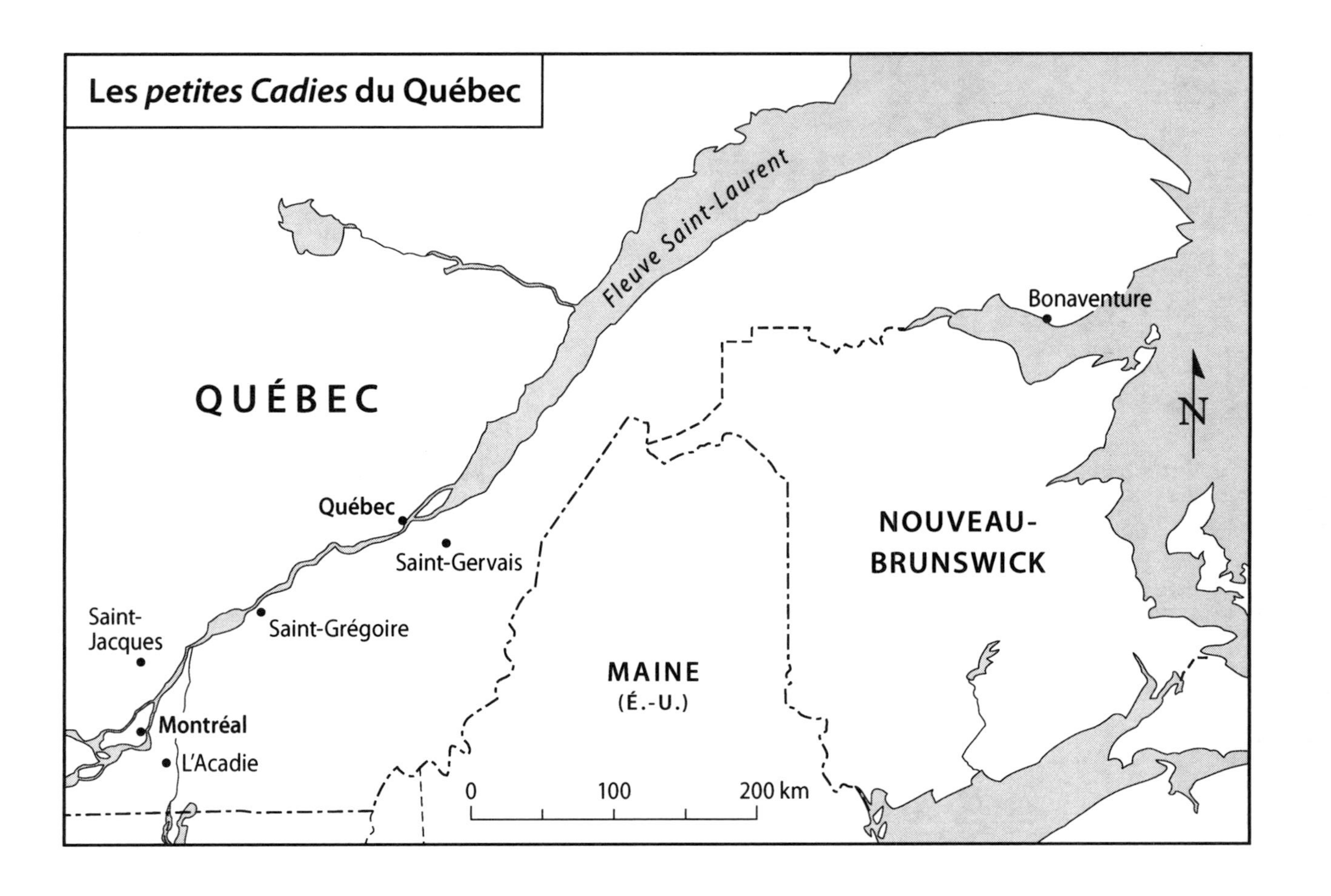
Les petites Cadies du Québec
Fleuve Saint-Laurent
Bonaventure
N
QUÉBEC
Québec
Saint-Gervais
NOUVEAU-
BRUNSWICK
Saint-
Jacques
Saint-Grégoire
MAINE
(É.-U.)
Montréal
L'Acadie
0
100
200 km

Saint-Grégoire

Cette deuxième *petite Cadie* est située sur la rive sud de Trois-Rivières et faisait partie de la seigneurie de Bécancour. C'est le seigneur Joseph-Michel Legardeur de Croisille et de Montesson, officier dans les troupes de la Marine en Acadie, en 1746 et en 1747, qui accueillit les Acadiens dans sa seigneurie. Contrairement aux notes de Mgr Louis Richard[279], les Acadiens arrivèrent à Saint-Grégoire entre le 15 juin 1759 et le 17 novembre 1759, soit après les ordres du gouverneur du Canada (voir pages 154-157). Ce sont treize familles qui s'y installèrent en 1759 ; elles sont apparentées au clan des Cormier, en provenance de Beaubassin. Plusieurs Acadiens vinrent les rejoindre par la suite. Certains d'entre eux s'installèrent dans les paroisses environnantes, comme à Nicolet, à Trois-Rivières, à Yamachiche, à Pointe-du-Lac, etc.

Saint-Jacques

Cette troisième *petite Cadie* est située dans le comté de Lanaudière, au nord-est de Montréal. Saint-Jacques est en fait le développement nord de la seigneurie de Saint-Sulpice, dont les seigneurs faisaient partie de la communauté religieuse des Sulpiciens. Les premiers Acadiens arrivèrent à L'Assomption en 1759 et ensuite, la majorité d'entre eux était envoyée sur les terres à défricher au nord de L'Assomption. Ce sont 15 familles[280] qui s'y installèrent. Parmi celles-ci, ils y avaient des rescapés du *Pembroke* (voir pages 120-129). Par la suite, il y eut deux grandes vagues d'immigrants acadiens en 1766 et en 1767, et ce, en provenance notamment du Connecticut. En tout, ce sont près de 500 Acadiens[281] qui s'établiront à Saint-Jacques. On y retrouve encore beaucoup de descendants de ces premiers Acadiens. Un nombre d'entre eux contribua au développement des paroisses voisines, dont Joliette.

---

279. *Ibid.*, p. 171 et 175.

280. *Ibid.*, p. 259.

281. *Ibid.*, p. 264.

Bonaventure

Cette quatrième *petite Cadie* est située dans le comté qui porte le même nom, en Gaspésie. Bonaventure est un village portuaire de la baie des Chaleurs. Les Acadiens s'y installèrent après le recensement de Petite-Rochelle datant du 24 octobre 1760 (voir page 163). En 1766, le marchand Charles Robin s'établit en Gaspésie et offrit de l'emploi aux Acadiens dans le domaine de la pêche à la morue. Avec le temps, les descendants de ces premiers Acadiens développeront d'autres villages côtiers, dont Maria. Les Acadiens de Bonaventure purent entretenir des relations avec les Acadiens de la Péninsule Acadienne, étant donné la proximité des lieux, contrairement aux autres *petites Cadies*.

L'Acadie

Cette cinquième *petite Cadie* est située au sud-est de Montréal, tout près de Saint-Jean-sur-Richelieu, en Montérégie. Au commencement, L'Acadie était connue sous le nom de Petite-Rivière-de-Montréal, ainsi que Sainte-Marguerite-de-Blairfindie. La première famille acadienne s'y installa en 1764. Ensuite, en 1768, un groupe de 80 Acadiens déportés en Nouvelle-Angleterre s'y réfugia ; il était en provenance de New York, via la rivière Hudson. Leurs descendants participèrent à la révolte des Patriotes en 1837-1838 et contribuèrent également au développement de la région. La municipalité de L'Acadie est maintenant annexée à Saint-Jean-sur-Richelieu.

Après 1775, les Acadiens fondèrent d'autres « Cadies », notamment Havre-Saint-Pierre, Natashquan, Baie-Comeau, Saint-Alexis-de-Matapédia, Lac-au-Saumon, Saint-Théophile, sans oublier l'annexion des Îles-de-la-Madeleine, etc. Je vous invite à consulter le livre de Pierre-Maurice Hébert pour découvrir davantage sur *Les Acadiens du Québec* paru en 1994.

Ces prêtres qui aidèrent les Acadiens réfugiés

Ce sont quatre prêtres, ayant fait du ministère en Acadie et à l'île Saint-Jean, qui se réfugièrent à Québec pendant la guerre de Sept Ans. Les autres furent déportés en France et en Angleterre. Ces prêtres réfugiés dans la colonie canadienne prêtèrent assistance aux Acadiens réfugiés dans la région de Québec. Deux autres prêtres, eux-mêmes Acadiens, vécurent pour leur part une tout autre réalité. Qui sont ces prêtres et quels furent leurs parcours ?

Le père jésuite, **Jean-Baptiste de La Brosse**, fut envoyé comme missionnaire auprès des Amérindiens et des Acadiens établis sur les berges de la rivière Saint-Jean, en Acadie française, afin d'aider le père jésuite, Charles Germain. Le père de La Brosse quitta l'Acadie française et arriva à Québec vers le 18 octobre 1756. À partir de ce moment-là, il travailla au collège des jésuites de Québec. Puis, à l'été de 1758, il fut envoyé en tant que missionnaire auprès des Abénaquis de Saint-François-de-Sales (Odanak). Dès lors, il lui arriva de desservir la paroisse de Saint-Michel-d'Yamaska. L'année suivante, il desservit occasionnellement la paroisse Saint-Louis-de-Terrebonne. En 1761, il fut nommé curé de la paroisse Saint-Henri-de-Mascouche, ce qui plut aux réfugiés acadiens dans la région, et ce, jusqu'en 1766.

Le père spiritain, **François Le Guerne**, fut missionnaire auprès des Acadiens de la région du fort Beauséjour, en Acadie française, à partir de 1752. Ensuite, il se réfugia à Miramichi pour passer l'hiver (décembre 1756 à mars 1757). Il partit pour Québec à l'été de 1757 où il arriva autour du 18 août 1757. Dès son arrivée, il prit soin des Acadiens réfugiés à Québec jusqu'à ce qu'il soit nommé curé de Saint-François de l'île d'Orléans en 1758 : où il enregistre son premier acte religieux le 7 mai, lors de l'inhumation de Thècle Lepage, une Canadienne. Il fut curé de cette paroisse jusqu'à son décès le 6 décembre 1789, à Saint-François de l'île d'Orléans[282].

---

282. À l'exception de l'année scolaire 1768-1769, où il enseignait au petit séminaire de Québec.

Le prêtre diocésain **Bernard-Sylvestre Dosque** fut curé de la paroisse de Malpèque, île Saint-Jean (Île-du-Prince-Édouard), de 1753 à 1758. Il se réfugia à l'été de 1758 avec plusieurs de ses paroissiens à Miramichi. Il partit pour Québec au printemps de 1759 et arriva vraisemblablement entre le 12 et le 19 mars. De là, il fut nommé curé de Beaumont de 1759 à 1761, afin d'aider les Acadiens réfugiés dans la région. Ensuite, il retourna probablement à Québec jusqu'en octobre 1765, où il fut nommé curé de Rivière-Ouelle. Il y fit son ministère jusqu'en 1769. Il termina sa carrière comme curé de Notre-Dame-de-Québec.

Le père jésuite, **Charles Germain**, missionnaire auprès des Amérindiens de la Nouvelle-Écosse, arriva à Québec à l'automne 1762, en provenance d'Halifax. En janvier 1763, il fut envoyé auprès des Acadiens réfugiés dans la région de Trois-Rivières, où il lui arriva de desservir les paroisses du Cap-de-la-Madeleine et de Batiscan. En 1767, il fut nommé curé de la Saint-François-du-Lac. Il y décéda en 1779.

Le prêtre **Jean-Baptiste Bro** est né le 20 avril 1743 à Rivière-aux-Canards, en Acadie. Il fut déporté en Virginie à l'automne 1755. Ensuite, il fut transféré en Angleterre au printemps 1756. En 1763, il est rapatrié en France. Quelques années plus tard, il fit ses études théologiques à Paris. Puis, à l'été 1771, il fit la traversée de l'Atlantique, où il arriva en la *Province of Quebec*, afin de compléter ses études théologiques. Il fut ordonné prêtre à Québec, le 15 novembre 1772. En octobre 1773, on lui donna la charge de prendre soin des Acadiens réfugiés dans la région de Montréal. L'année suivante, il fut nommé curé de Saint-Jacques-de-la-Nouvelle-Acadie, le 8 novembre 1774. Il y fit son ministère jusqu'en octobre 1814. Il y décéda en 1824.

Le prêtre **Joseph-Mathurin Bourg** est né le 9 juin 1744, à Rivière-aux-Canards, en Acadie. Tout comme son frère par alliance, **Jean-Baptiste Bro** (Michel Bourg, père de

Joseph-Mathurin, épousa Brigitte Martin, mère de Jean-Baptiste[283]), fut déporté en Virginie à l'automne de 1755. Ensuite, il fut transféré en Angleterre au printemps de 1756. En 1763, il est rapatrié en France. Quelques années plus tard, il fit ses études théologiques à Paris. Puis, à l'été 1771, il fit la traversée de l'Atlantique, où il arriva en la *Province of Quebec*, afin de compléter ses études théologiques. Il fut ordonné prêtre à Québec, le 19 septembre 1772. En 1773, il fut nommé missionnaire de la Nouvelle-Écosse (aujourd'hui cela correspond à la Gaspésie, le Nouveau-Brunswick, l'Île-du-Prince-Édouard et la Nouvelle-Écosse), afin de prendre soin des Acadiens restés ou retournés en Acadie. Il s'installa à Tracadièche (aujourd'hui Carleton) jusqu'en 1784, tout en rendant annuellement visite aux fidèles de son grand territoire. En 1785, il fut envoyé temporairement à Halifax. De retour en Gaspésie, il y fit son ministère jusqu'en 1795. Après avoir été malade, il fut transféré comme curé de la paroisse Saint-Laurent, près de Montréal. Il y décéda le 20 août 1797.

Comme vous avez pu le constater, ces prêtres furent sûrement des personnes influentes lorsque les Acadiens décidèrent de rester et de s'implanter dans les *petites Cadies*, ou même, dans certains villages sympathiques à la cause des réfugiés acadiens.

La version québécoise d'*Évangéline*

En terminant, saviez-vous qu'il existait une version québécoise d'*Évangéline*? Ce poème fictif d'*Évangéline* fut écrit par Henry Wadsworth Longfellow et publié en 1847. Ce poème raconte l'histoire d'Évangéline qui fut séparée de son amoureux, Gabriel, lors de la Déportation. Toute sa vie, elle le chercha pendant des années, et finalement, le retrouva. En Louisiane, on attribue le récit d'Évangéline et de Gabriel à Emmeline Labiche et Louis Arceneaux. Tout en faisant mes recherches

283. Bona Arsenault, *Histoire des Acadiens*, Québec [Saint-Laurent], 1994, p. 279.

sur les réfugiés acadiens au Québec, j'ai déniché ce petit bijou écrit par Henri Raymond Casgrain en 1886, où il raconte le récit d'Étienne Hébert et de Marie Josephe Babin. Voici ce court récit :

> Au nombre de ces fugitifs était un jeune homme âgé de dix-huit ans, nommé Étienne Hébert, enlevé de la paroisse de Grand-Pré où il habitait le vallon du Petit Ruisseau, dans la concession dite des Hébert. Séparé de ses frères qui avaient été jetés, l'un dans le Massachusetts, l'autre dans le Maryland, et le troisième dans un autre endroit, tandis que lui-même, débarqué à Philadelphie, avait été mis au service d'un officier de l'armée, il n'eut pas de repos jusqu'à ce qu'il eût rejoint ses frères qu'il croyait rendus au Canada. Frustré dans ses espérances, à son arrivée, mais non découragé, il se fit concéder des terres dans la seigneurie de Bécancour, et repartit en hiver monté sur des raquettes. Après bien des recherches, il eut la joie de les ramener tous les trois ; l'un était à Worcester, l'autre à Baltimore et le troisième dans un village dont le nom a été oublié. Les quatre frères s'établirent voisins l'un de l'autre à Saint-Grégoire où ils ne tardèrent pas à prospérer.
>
> Un jour, Étienne Hébert apprit qu'une de ces voisines de Grand-Pré du nom de Josephte Babin, qu'il avait eu l'intention d'épouser, avait été emmenée à Québec où elle vivait, avec une de ses sœurs, sous la protection d'exilés comme elle. Malgré une longue séparation, elle ne l'avait pas oublié et n'avait jamais perdu l'espérance de le revoir. Ils se revirent en effet : Hébert, de son côté, lui étant resté fidèle. Ils pleurèrent longtemps au souvenir de Grand-Pré, au souvenir de tant de parents et d'amis morts et disparus. Peu de jours après, ils étaient unis pour ne plus se séparer[284].

Étienne Hébert et Marie Josephe Babin se marièrent le 10 octobre 1769, à Trois-Rivières. Ils y étaient dits résidents de Nicolet.

---

284. Henri Raymond CASGRAIN, « Les Acadiens après leur dispersion (1755-1775) », *Revue canadienne*, Paris, 15 décembre 1886, p. 239.

Les dates à retenir

1765 (1er mars)

Le général James Murray permit aux Acadiens déportés en Nouvelle-Angleterre de s'installer dans la *Province of Quebec.*

1766 (1er septembre) :

Le premier contingent de 40 Acadiens déportés en Nouvelle-Angleterre arriva à Québec.

1766 (8 septembre) :

90 Acadiens arrivèrent à Québec.

1766 (25 septembre) :

68 Acadiens arrivèrent à Québec.

1767 (mai) :

Environ 200 Acadiens arrivèrent à Québec.

1767 (août) :

240 arrivèrent à Québec.

1768 (printemps) :

Un groupe de 80 Acadiens remontèrent la rivière Hudson en chaloupes et s'installèrent à Petite-Rivière-de-Montréal (L'Acadie).

1774 (avril) :

81 Acadiens arrivèrent de France et s'installèrent à Paspébiac, Gaspésie.

1755-1763 :

Environ 1850 Acadiens se réfugièrent dans la colonie canadienne. Entre 1756 et 1759, 488 Acadiens décédèrent, dont 335 décédèrent de la petite vérole et de famine lors de l'hiver 1757-1758. Deux cents d'entre eux retournèrent sur leur terre d'origine en 1759. Ce qui totalise environ 1 162 Acadiens dans la colonie.

1766-1775 :

Environ 800 Acadiens déportés en Nouvelle-Angleterre et en France vinrent s'installer dans la *Province of Quebec.*

1775 (1er mai) :

Les Îles-de-la-Madeleine sont annexées à la *Province of Quebec.* C'est la raison qui explique pourquoi les Acadiens de l'archipel ne font pas partie de cette démonstration.

En résumé

Dès l'automne 1755, les premiers réfugiés, en provenance de l'île Saint-Jean, arrivèrent au port de Québec. Parmi ces réfugiés, il y avait des Français, des Suisses et des Acadiens. Dès leur arrivée, les Acadiens furent logés chez des Canadiens. Au printemps suivant, ce premier groupe de réfugiés s'établit sur des terres arpentées pour eux à Saint-Charles-de-Bellechasse (maintenant Saint-Gervais). Dès l'été 1756, le gouverneur de la Nouvelle-France envoya une lettre pour annoncer que les Acadiens doivent se réfugier au camp d'Espérance à Miramichi (Nouveau-Brunswick).

Toutefois, il accepta que certains Acadiens puissent venir se réfugier au Québec, afin d'alléger le problème de surpopulation et de famine que vivaient ces réfugiés à l'île Saint-Jean et à Miramichi. Suite à cette autorisation, trois groupes d'Acadiens arrivèrent au port de Québec en 1756, soit vers le 22 juin, vers le 27 août et vers le 18 octobre. Ils étaient tous en provenance de l'île Saint-Jean. Chaque groupe était composé d'environ 200 Acadiens. Le père Jean-Baptiste de La Brosse, missionnaire en Acadie, accompagnait le dernier groupe.

En 1757, environ 915 Acadiens trouvèrent refuge dans le port de Québec. Ils arrivèrent le 13 juin, vers le 10 juillet, vers le 18 août, le 16 octobre, vers le 20 octobre et le 8 novembre. Ils étaient en provenance de Sainte-Anne-des-Pays-Bas, de Miramichi et de l'île Saint-Jean. Le père spiritain François Le Guerne accompagnait le groupe du 18 août. Charles Deschamps de Boishébert, officier militaire, accompagnait le groupe du 16 octobre. Certains Acadiens remontèrent la rivière Saint-Jean (Nouveau-Brunswick) en canot jusqu'au lac Témiscouata et marchèrent sur le chemin du portage, pour reprendre le canot et les rames sur la rivière qui les mena jusqu'à Trois-Pistoles (ou Rivière-du-Loup). À Québec, entre 1756 et 1759, 488 Acadiens trouvèrent la mort, des suites de la malnutrition, l'épuisement, le froid ou la petite vérole.

En 1758, soit le 30 mai, on apprend dans le journal du marquis de Montcalm que les Abénaquis ont trouvé et ramené avec eux neuf Acadiens déportés au Massachusetts. Au printemps 1759, un groupe d'une dizaine de familles acadiennes de la rivière Saint-Jean se réfugia dans les alentours de Kamouraska ; ce qui totalise maintenant environ 200 Acadiens, dont 25 familles réfugiées qui s'installèrent entre Trois-Pistoles et Montmagny. Puis, le 30 mai 1759, on peut lire dans le même journal que trois Acadiens et un Français ont réussi à se sauver de Boston pour se réfugier à Montréal, et ce, après 25 jours de marche. Ce sont ces derniers qui confirmèrent la rumeur du plan d'invasion du Canada par les Britanniques. Puis, le 5 juillet 1759, 21 Acadiennes se réfugièrent au port de Québec.

En 1759, ce fut l'ordre d'évacuation de la grande région de Québec, initié par le gouverneur Vaudreuil, qui incita les Acadiens à se déplacer dans la région de Trois-Rivières ainsi que dans la région de Montréal, notamment à L'Assomption. Puis, en novembre 1759, le général Monckton autorisa le retour à Sainte-Anne-des-Pays-Bas d'environ 200 Acadiens. Malheureusement, ils furent emprisonnés dès leur arrivée par les autorités britanniques.

Après la déportation de l'île Saint-Jean en 1758, plusieurs résidents de Malpèque ayant été épargnés se réfugièrent, entre autres, à Petite-Rochelle (Pointe-à-la-Croix, Québec actuel) et à Miramichi. Après la bataille de Ristigouche en 1760, 170 familles acadiennes demeuraient à Petite-Rochelle, soit 1 003 personnes. La majorité d'entre elles se rendirent aux Britanniques le 29 octobre. Cependant, environ 100 Acadiens fuirent et se réfugièrent sur le futur site de Bonaventure. Par la suite, certains d'entre eux s'installèrent à Tracadièche (aujourd'hui Carleton).

En 1765, afin d'aider à repeupler la *Province of Quebec*, le général James Murray offrit aux Acadiens déportés en Nouvelle-Angleterre de venir s'y installer. En 1766, 198 Acadiens firent le voyage jusqu'au port de Québec. Ils arrivèrent le 1er septembre, le 8 septembre et le 25 septembre. L'année suivante, deux groupes d'Acadiens arrivèrent à Québec : environ 200 en mai, puis 240 en août. Tous ces Acadiens s'installent notamment à Montréal, à L'Assomption, à Saint-Denis-sur-le-Richelieu, à Saint-Ours, à Trois-Rivières et les environs, etc. Au printemps de 1768, un groupe de 80 Acadiens, n'ayant pu défrayer les coûts du transport pour se rendre à Québec via l'océan Atlantique, remonta la rivière Hudson en chaloupes, empruntant le portage les menant au lac Champlain ainsi qu'à la rivière Richelieu, puis s'installa à Petite-Rivière-de-Montréal (secteur L'Acadie, à Saint-Jean-sur-Richelieu).

Finalement, en avril 1774, 81 Acadiens arrivèrent de Bretagne, en France. Ils étaient des recrues de Charles Robin, afin de travailler dans son entreprise de pêche à Paspébiac, en Gaspésie. Au total, 2 650 Acadiens trouvèrent refuge au Québec entre 1755 et 1775. Ils fondèrent cinq nouveaux villages, surnommés *petites Cadies* : Saint-Gervais, Saint-Grégoire, Saint-Jacques, Bonaventure et L'Acadie. Les Acadiens furent assistés par quelques prêtres : le père jésuite, Jean-Baptiste de La Brosse ; le père spiritain, François Le Guerne ; le prêtre diocésain Bernard-Sylvestre Dosque ; le père jésuite, Charles Germain ; le prêtre diocésain Jean-Baptiste Bro et le prêtre diocésain Joseph-Mathurin Bourg.

Conclusion

C'est ce qui complète cette étude sur les réfugiés acadiens au Québec entre 1755 et 1775. C'est dans le contexte de la guerre de Sept Ans qu'arriva la première vague de réfugiés acadiens. Malheureusement, certains d'entre eux souffrirent de la corruption de la Grande Société, d'autres de malnutrition en raison de la famine et plusieurs autres moururent de la petite vérole. La deuxième vague de réfugiés acadiens eut plus de facilité à leur arrivée dans la *Province of Quebec*. Toutefois, il ne faut pas oublier que ces derniers furent chassés de leur terre et furent déportés en Nouvelle-Angleterre ; ils vécurent donc leur part de misère eux aussi. Les Acadiens furent bien accueillis par l'ensemble de la population. Les Canadiens et les Acadiens fondèrent des familles ensemble, ce qui fait que plusieurs personnes aujourd'hui ignorent leurs racines acadiennes. En conclusion, ce livre avait pour but d'ouvrir les yeux sur cette page oubliée de notre histoire, afin de montrer au grand jour et afin qu'on s'en souvienne. Qui sait, peut-être que des Québécois se demanderont s'ils ont des ancêtres acadiens ?

Voici des propositions pour poursuivre votre lecture sur les Acadiens au Québec :

- CYR, Louise, « Les Acadiens au Québec. La volonté de durer », *Continuité*, n° 61, 1994, p. 35-39.
- HÉBERT, Pierre-Maurice, *Les Acadiens du Québec*, Éditions de L'Écho, Montréal, 1994, 478 p.

Voici des propositions concernant les documentaires ***Les Acadiens du Québec***, du réalisateur Phil Comeau (productrice Monique LeBlanc, de CinImage Productions, 2012) :

1er épisode :

Le Grand Arrangement,
avec Fred Pellerin, conteur et chanteur.

2e épisode :

Lanaudière, mémoire vivante d'Acadie,
avec Philippe Jetté, musicien du groupe Belzébuth.

Vous voulez en savoir plus sur l'histoire des Acadiens ?
Voici quelques recommandations :

- Godin, Sylvain et Maurice Basque, *Histoire des Acadiens et des Acadiennes du Nouveau-Brunswick*, Tracadie-Sheila, La Grande Marée, 2007, 160 p.
- Richard, Zachary, Sylvain Godin et Maurice Basque, *Histoire des Acadiennes et des Acadiens de la Louisiane*, Lafayette, University of Louisiana, distributeur officiel au Canada : La Grande Marée, 2012, 130 p.
- Ross, Sally et J. Alphonse Deveau, *Les Acadiens de la Nouvelle-Écosse. Hier et aujourd'hui*, Moncton, Éditions d'Acadie, 1995, 293 p.
- Arsenault, Georges, *Les Acadiens de l'Île. 1720-1980*, Moncton, Éditions d'Acadie, 1987, 296 p. (Île-du-Prince-Édouard)
- Poirier, Michel. *Les Acadiens aux îles Saint-Pierre-et-Miquelon, 1758-1828, 3 déportations, 30 années d'exil*, Moncton, Éditions d'Acadie, 1984, 523 p.
- Mouhot, Jean-François, *Les réfugiés acadiens en France. 1758-1785. L'impossible réintégration ?*, Québec, Septentrion, 2009, 448 p.

Bibliographie

——, « Actes d'état civil dans la collection Drouin (1621-1967.) », *Ancestry.ca* [En ligne], 2006-2013, [http://www.ancestry.ca/drouin] (Consulté le 14 mars 2013).

Aitor, Esteban, « On the trail of the Basque whalers. Aniaq: Mi'kmaq and Basques », *Euskal etxeak*, nº 75, 2006, p. 6-7.

Arsenault, Bona, *Histoire des Acadiens*, Québec [Saint-Laurent], Éditions Fides, 1994, 395 p.

Arsenault, Georges, *Les Acadiens de l'Île*. 1720-1980, Moncton, Éditions d'Acadie, 1987, 296 p.

Bergeron, Josée, *Contribution différentielle des ancêtres d'origine acadienne au bassin génétique des populations régionales du Québec*. Mémoire (maîtrise), Université Laval, novembre 2005, 103 p.

Blais, Christian, « Pérégrinations et conquête du sol (1755-1836) : l'implantation acadienne sur la rive nord de la Baie-des-Chaleurs », *Acadiensis*, vol. 35, septembre 2005, p. 3-23.

Bosher, J.F. [en collaboration avec J.-C. Dubé], « Bigot, François », *Dictionnaire biographique du Canada* [En ligne], 2000, [http://www.biographi.ca/009004-119.01-f.php?&id_nbr=1757] (Consulté le 14 mars 2013).

Boyer-Vidal, Yves, *Le retour des Acadiens. Errances terrestres et maritimes 1750-1850*, Bruxelles, Éditions du Gerfaut, 2005, 214 p.

Brasseaux, Carl, *Scattered to the Wind. Dispersal and Wanderings of the Acadians, 1755-1809*, Lafayette, Center for Louisiana Studies, 1991, 84 p.

Brun, Régis, *Les Acadiens avant 1755 : essai*, Moncton, À compte d'auteur, 2003, 128 p.

Brun, Regis-Sygefroy, « Le séjour des Acadiens en Angleterre et leurs traces dans les archives britanniques », *Les cahiers de la Société historique acadienne*, vol. 4, nº 2, juillet-août-septembre 1971, p. 62-68.

Bujold, Stéphan, « L'Acadie vers 1750. Essai de chronologie des paroisses acadiennes du bassin des Mines (Minas Basin, NS) avant le Grand dérangement », *Société canadienne d'histoire de l'Église catholique*, vol. 70, 2004, p. 57-77.

Campeau, Charles Vianney, « 1757 », Navires venus en Nouvelle-France. Gens de mer et passagers. De 1700 à la Conquête [En ligne], 6 mai 2012, [http://naviresnouvellefrance.com/vaisseau1700/html/page1757.html] (Consulté le 14 mars 2013).

Casgrain, Henri Raymond, *Journal des campagnes du chevalier de Lévis en Canada de 1756-1760*, Montréal, C.O. Beauchemin & fils, Librairies-Imprimeurs, 1889, 340 p.

Casgrain, Henri Raymond, *Journal du marquis de Montcalm durant ses campagnes en Canada de 1756 à 1759*, Québec, Imprimerie de L.-J. Demers & frères, 1895, 626 p.

Casgrain, Henri Raymond, « Les Acadiens après leur dispersion (1755-1775) », *Revue canadienne*, Paris, 15 décembre 1886, p. 139-246.

Casgrain, Henri Raymond, *Lettres du chevalier de Lévis concernant la guerre du Canada (1756-1760)*, Montréal, C.O. Beauchemin & fils, Librairies-Imprimeurs, 1889, 473 p.

Casgrain, Henri-Raymond, *Un pèlerinage au pays d'Evangéline*, Québec, Imprimerie de L.-J. Demers & frères, 1887, 500 p.

Cazaux, Yves, *L'Acadie. Histoire des Acadiens du XVIIe siècle à nos jours*, Paris, Albin Michel, 1992, 476 p.

Clos, procureur, *Mémoire pour le sieur de Boishébert, Capitaine, Chevalier de Saint Louis, ci-devant Commandant à l'Acadie*, Paris, Imprimerie de Moreau, 1763, 59 p.

Cormier, Steven A., « APPENDICES. Ships of the Acadian Expulsion, 1755 and 1758 », *Acadians in Gray* [En ligne], 2007 [http://www.acadiansingray.com/Appendices-Ships,%201755-58.htm#10] (Consulté le 13 mars 2013).

Cressonnier, procureur, Dupont et Lalourcé, *Mémoire pour Messire François Bigot, ci-devant intendant de justice, police, finance & marine en Canada accusé, contre Monsieur le procureur-général du roi en la commission, accusateur*, Paris, Imprimerie de P. Al. le Prieur, 1763, p. 303.

Cyr, Louise, « Les Acadiens au Québec. La volonté de durer », *Continuité*, n° 61, 1994, p. 35-39.

Daigle, Jean (sous la direction de), *L'Acadie des Maritimes. Études thématiques des débuts à nos jours*, Moncton, Chaire d'études acadiennes, 1993, 910 p.

Degrâce, Éloi, « Bourg, Joseph-Mathurin », *Dictionnaire biographique du Canada* [En ligne], 2000, [http://www.biographi.ca/009004-119.01-f.php ?&id_nbr=1766] (Consulté le 30 mai 2013).

Delaney, Paul, « La reconstitution d'un rôle des passagers du *Pembroke* », *Les Cahiers de la Société historique acadienne*, vol. 35, nos 1 et 2, janvier-juin 2004, p. 4-76.

Delaney, Paul, « The Chronology of the Deportations and Migrations of the Acadians 1755-1816 », *Acadian & French Canadian Ancestral Home* [En ligne], 2008, [http://www.acadian-home.org/Paul-Delaney-Chronology.html] (Consulté le 13 mars 2013).

Dickinson, John A., « Les réfugiés acadiens au Canada, 1755-1775 », *Études Canadiennes/Canadian Studies*, n° 37, décembre 1994, p. 51-61.

Dionne, Narcisse Eutrope, *Samuel Champlain. Fondateur de Québec et père de la Nouvelle-France, histoire de sa vie et de ses voyages. Tome premier*, Québec, A. Côté et Cie, Imprimeurs-éditeurs, 1891, 430 p.

Dubé, Alexandre, « Tradition, bouleversement, survie : L'art touristique mi'kmaq », *Musée McCord* [En ligne], 2003 [http://www.musee-mccord.qc.ca/scripts/printtour.php?tourID=VQ_P1_3_FR&Lang=2] (Consulté le 11 mars 2013).

Finn, Gérard, « Le Guerne (Guerne, De Guerne), François », *Dictionnaire biographique du Canada* [En ligne], 2000, [http://www.biographi.ca/009004-119.01-f.php?&id_nbr=2021] (Consulté le 14 mars 2013).

FINN, Gérard, « Le Loutre, Jean-Louis », *Dictionnaire biographique du Canada* [En ligne], 2000, [http://www.biographi.ca/009004-119.01-f.php?id_nbr=2022] (Consulté le 13 mars 2013).

FONTENEAU, Jean-Marie, *Les Acadiens citoyens de l'Atlantique,* Rennes, Éditions Ouest-France, 1996, 348 p.

FOWLER, Jonathan et Earle LOCKERBY, « Operations at Fort Beauséjour and Grand-Pré in 1755: A Soldier's Diary », *Journal of the Royal Nova Scotia Historical Society*, vol. 12, 2009, p. 145-184.

FRÉGAULT, Guy, « La déportation des Acadiens », *Revue d'Histoire de l'Amérique française*, vol. VIII, nº 3, décembre 1954, p. 309-358.

GABRIEL, Charles Nicolas, *Le maréchal de camp Desandrouins, 1729-1792. Guerre du Canada 1756-1760. Guerre de l'indépendance américaine 1780-1782*, Verdun (Québec), Imprimerie Renvé-Lallemant, 1887, 416 p.

GAGNON, Charles-Octave, *Lettre de M. l'abbé Le Guerne missionnaire de l'Acadie*, Québec, Imprimerie Générale A. Côté et Cie, 1889, 50 p.

GAUDET, Placide, « Copie du serment de fidélité (1727) », *Rapport concernant les archives canadiennes (RAC) pour l'année 1905*, vol. II, Ottawa, Archives publiques de Canada, 1906, appendice A, 3e partie, app. N, p. 362.

GAUDET, Placide, « Fonds Placide-Gaudet (boîte 15) », Centre des études acadiennes. Anselme-Chiasson [En ligne], 2013, [http://www.umoncton.ca/umcm-ceaac/files/umcm-ceaac/wf/wf/pdf/pg15.pdf] (Consulté le 14 mars 2013).

GAUDET, Placide, « Fonds Placide-Gaudet (cote 1.17-16.) », Centre des études acadiennes. Anselme-Chiasson [En ligne], 2013, [http://www4.umoncton.ca/outil/doc.cfm?&identifier=000631&bd=CEA&searchtype=cea&admin=false&subjectids=31] (Consulté le 14 mars 2013).

GAUDET, Placide, « Fonds Placide-Gaudet (cote 1.17-16) », Centre des études acadiennes. Anselme-Chiasson [En ligne], 2013, [http://www4.umoncton.ca/outil/doc.cfm?&identifier=000637&bd=CEA&searchtype=cea&admin=false&fromrow=46&subjectids=31] (Consulté le 14 mars 2013).

Gaudet, Placide, « Gazette de Québec, septembre 1766 », *Rapport concernant les archives canadiennes (RAC) pour l'année 1905*, vol. II, Ottawa, Archives publiques de Canada, 1906, appendice A, 3e partie, app. E, p. 157.

Gaudet, Placide, *Le Grand Dérangement. Sur qui retombe la responsabilité de l'Expulsion des Acadiens*, Ottawa, Ottawa Printing Compagny, 1922, 84 p.

Gaudet, Placide, « Lettre de Charles Lawrence à Arthur Dobbs, Halifax, 11 août 1755 », *Rapport concernant les archives canadiennes (RAC) pour l'année 1905*, vol. II, Ottawa, Archives publiques de Canada, 1906, appendice A, 3e partie, app. B, p. 71-72.

Gaudet, Placide, « Lettre de Girard à l'Isle-Dieu, 1759 » (Centre des études acadiennes, Fonds Placide-Gaudet, cote 1.35-26.), *1755 : l'Histoire et les histoires* [En ligne], 2007, [http://www2.umoncton.ca/cfdocs/etudacad/1755/index.cfm?id=010602000&overlay=doc&identifier=001752&bd=CEA&lang=fr&style=G&admin=false&linking=] (Consulté le 13 mars 2013).

Gaudet, Placide, « Lettre de M. Dumas à Vaudreuil, mars 1760 », *Rapport concernant les archives canadiennes (RAC) pour l'année 1905*, vol. I, Ottawa, Archives publiques de Canada, 1906, 4e partie, p. 6.

Gaudet, Placide, « Lettre de M. Dumas à Vaudreuil, 6 mars 1760 », *Rapport concernant les archives canadiennes (RAC) pour l'année 1905*, vol. I, Ottawa, Archives publiques de Canada, 1906, 4e partie, p. 12-13.

Gaudet, Placide, « Lettre de Vaudreuil à M. Dumas, Montréal, 10 mars 1760 », *Rapport concernant les archives canadiennes (RAC) pour l'année 1905*, vol. I, Ottawa, Archives publiques de Canada, 1906, 4e partie, p. 5-6.

Gaudet, Placide, « Serment d'allégeance prêté et signé par les Acadiens des districts des Mines, Cobequit, Piziguid et Beaubassin, en avril 1730. Annexe d'une lettre de Philipps, du 2 septembre 1730 », *Rapport concernant les archives canadiennes (RAC) pour l'année 1905*, vol. II, Ottawa, Archives publiques de Canada, 1906, appendice A, 3e partie, app. D, p. 134-138.

Gaudet, Placide, « Un épisode de l'expulsion des Acadiens », *Bulletin des Recherches Historiques*, vol. 14, nº 1, janvier 1908, p. 41 à 54.

Gaudette, Jean, « Des réfugiés acadiens à Québec en 1757 », *Les cahiers de la Société historique acadienne*, vol. 17, nº 4, octobre-décembre 1986, p. 144-149.

Gosselin, Amédée-Edmond, « Journal de l'expédition d'Amérique commencée en l'année 1756, le 15 mars » (Louis-Antoine de Bougainville), *Rapport de l'archiviste de la province de Québec (RAPQ)*, tome 4, 1923-1924, p. 202-393.

Griffiths, Naomi E.S., *L'Acadie de 1686 à 1784. Contexte d'une histoire* (traduction de Kathryn Hamer), Moncton, Éditions d'Acadie, 1997, 134 p.

Hébert, Léo-Paul, « La Brosse, Jean-Baptiste de », *Dictionnaire biographique du Canada* [En ligne], 2000, [http://www.biographi.ca/009004-119.01-f.php?&id_nbr=2002] (Consulté le 14 mars 2013).

Hébert, Pierre-Maurice, « Bro, Jean-Baptiste », *Dictionnaire biographique du Canada* [En ligne], 2000, [http://www.biographi.ca/009004-119.01-f.php?&id_nbr=2771] (Consulté le 14 mars 2013).

Hébert, Pierre-Maurice, « L'établissement des Acadiens au Québec », *La Petite Souvenance*, 2005, nº 19 [En ligne], 2012, [http://museeacadien.org/lapetitesouvenance/?p=1093] (Consulté le 31 mai 2013).

Hébert, Pierre-Maurice, *Les Acadiens dans Bellechasse*, La Pocatière, Société Historique de la Côte-du-Sud, 1984, 131 p.

Hébert, Pierre-Maurice, *Les Acadiens du Québec*, Éditions de L'Écho, Montréal, 1994, 478 p.

Hebert, Tim, « History of the Acadians », Acadian-Cajun Genealogy & History [En ligne], 2010, [http://www.acadian-cajun.com/index.htm] (Consulté le 14 mars 2013).

Hébert, Yves et Diane Saint-Pierre, *Archives paroissiales de la Côte-du-Sud : Inventaire sommaire*, Québec, Institut québécois de recherche sur la culture et Groupe de recherche sur l'histoire de la Côte-du-Sud, 1990, 581 p.

——, « Histoire de la Grande-Bretagne », *L'Encyclopédie Larousse* [En ligne], 2009, [http://www.larousse.fr/encyclopedie/divers/histoire_de_la_Grande-Bretagne/185776] (Consulté le 13 mars 2013).

——, « Honneur aux miliciens acadiens de 1759 », *Coalition des Organisations acadiennes du Québec* [En ligne], 2008-2013 [http://acadiensduquebec.org/miliciens1759.htm] (Consulté le 14 mars 2013).

Johnson, Micheline D., « Germain, Charles », *Dictionnaire biographique du Canada* [En ligne], 2000, [http://www.biographi.ca/009004-119.01-f.php?&id_nbr=1901] (Consulté le 14 mars 2013).

Johnson, Andrew John Bayly, *1758. La finale. Promesses, splendeur et désolation de la dernière décennie de Louisbourg* (traduction Michel Buttiens), Québec, Presses de l'Université Laval, 2011, 436 p.

——, *Journal du siège de Québec. Du 10 mai au 18 septembre 1759*, Québec, publié et annoté par Ægidius Fauteux, 1922, 115 p.

Lacoursière, Jacques, *Histoire populaire du Québec. Tome 1 : Des origines à 1791*, Québec, Septentrion, 1995, 481 p.

Landry, Nicolas et Nicole Lang, *Histoire de l'Acadie*, Québec, Septentrion, 2001, 335 p.

Lanoue, François, *Une nouvelle Acadie. Saint-Jacques-de-L'Achigan, 1772-1972*, Joliette, Imprimerie Saint-Viateur, 1972, 410 p.

Larin, Robert, *Canadiens en Guyane, 1754-1805*, Québec/Paris, Septentrion et Presses de l'Université, Paris-Sorbonne, 2006, 387 p.

LeBlanc, Ronnie-Gilles (sous la direction de), *Du Grand Dérangement à la Déportation. Nouvelles perspectives historiques*, Moncton, Chaire d'études acadiennes, 2005, 465 p.

Leclerc, Jacques, « La famille basque », *Trésor de la langue française au Québec (TLFQ) et l'Université Laval* [En ligne], 25 juillet 2012, [http://www.tlfq.ulaval.ca/axl/monde/fambasque.htm] (Consulté le 11 mars 2013).

Leclerc, Jacques, « La Nouvelle Acadie, de 1755 à aujourd'hui », *Trésor de la langue française au Québec (TLFQ) et l'Université Laval* [En ligne], 25 juillet 2012, [http://www.tlfq.ulaval.ca/axl/francophonie/Nlle-France-Acadie2.htm] (Consulté le 14 mars 2013).

Le Gall, Dom Robert, « Le 29 septembre et le 2 octobre : fête des anges », *Portail de la Liturgie Catholique édité par le Service National de la Pastorale Liturgique et Sacramentelle (SNPLS) de la Conférence des évêques de France* [En ligne], 2007, [http://www.liturgiecatholique.fr/Le-29-septembre-et-le-2-octobre.html] (Consulté le 13 mars 2013).

——, *Le petit Larousse 2010*, Paris, Larousse, 2009, 1813 p.

——, « Les Acadiens (1752 à 1784) », *Statistique Canada* [En ligne], 22 octobre 2008, [http://www.statcan.gc.ca/pub/98-187-x/4064810-fra.htm] (Consulté le 13 mars 2013).

——, « Lieu historique national du Canada de la Bataille-de-la-Ristigouche », *Parcs Canada* [En ligne], 27 septembre 2011, [http://www.pc.gc.ca/fra/lhn-nhs/qc/ristigouche/natcul/natcul2a.aspx] (Consulté le 14 mars 2013).

Lockerby, Earle, *La déportation des Acadiens de l'Île-du-Prince-Édouard* (traduction de Robert Pichette), Montréal, Éditions au Carré, 2010, 166 p.

Lockerby, Earle, « The Deportation of the Acadians from Ile St. Jean, 1758 », *Acadiensis*, vol. XXVII, nº 2, printemps 1998, p. 45-94.

Maclennan, John Stewart, *Louisbourg, from its foundation to its fall, 1713-1758*, London, Macmillan, 1918, 454 p.

Macleod, Malcolm, « Legardeur de Croisille (Croizille) et de Montesson, Joseph-Michel », *Dictionnaire biographique du Canada* [En ligne], 2000, [http://www.biographi.ca/009004-119.01-f.php?&id_nbr=2007] (Consulté le 14 mars 2013).

Massignon, Geneviève, *Les parlers français d'Acadie, enquête linguistique, Volume 1*, Paris, Librairie C. Klincksieck, 1962, 484 p.

MAZEROLLE, Rodrigue, *Les Mazerolle parmi les Acadiens réfugiés à Bellechasse*, 1756-1769, Dalhousie, N.-B., À compte d'auteur, 2010, 126 p.

MESCHINET DE RICHEMOND, Louis-Marie, *Inventaire sommaire des archives départementales antérieures à 1790. Charente-Inférieure. Séries A (21 art.) - B (art. 1 à 1005)*, La Rochelle, Imprimerie de Eugène Martin, 1900, 632 p.

MOREAU, Stanislas-Albert, *Histoire de L'Acadie, province de Québec*, Montréal, s.e., 1908, 162 p.

MOUHOT, Jean-François, *Les réfugiés acadiens en France. 1758-1785. L'impossible réintégration ?*, Québec, Septentrion, 2009, 448 p.

MOUHOT, Jean-François, *Les Réfugiés acadiens en France (1758-1785) : l'impossible réintégration ?*, Thèse (doctorat), Institut Universitaire Européen, 2005, 381 p.

NERROU, Jacques, « Le retour du « *Richemont* » », *Racines et Rameaux Français d'Acadie. Recherche Généalogique et Histoire de l'Acadie*, bulletin n° 32, décembre 2004, p. 17.

NERROU, Jacques, *Navires et engagés pour « les terres neufve de la Nouvelle-France et des coste de la Cadie ». 1600-1654. Notaires Rochelais*, Saint-Agnant, France, À compte d'auteur, avril 1999, 25 p.

NICHOLS, William, « Three hundred French People lost at Sea, Extract of a Letter from Captain William Nicholes, of the Duke William transport, dated Penzance, December 16, 1758 », *The London Magazine : Or, Gentleman's Monthly Intelligencer. Volume XXVII. For the year 1758*, London, R. Baldwin, 1759, p. 655-656.

NICOL, Jocelyne et Bernard QUILLIVIC, « Les Acadiens », *Migrations* [En ligne], 2006-2013, [http://www.migrations.fr/acadiens.htm] (Consulté le 14 mars 2013).

NOËL, Michel, *Amérindiens et Inuit du Québec*, Québec, Éditions Sylvain Harvey, 2003, 58 p.

Poirier, Michel. *Les Acadiens aux îles Saint-Pierre-et-Miquelon, 1758-1828, 3 déportations, 30 années d'exil*, Moncton, Éditions d'Acadie, 1984, 523 p.

Prévost, Robert, *La France des Acadiens. Sur les traces des fondateurs de l'Acadie*, Moncton, Éditions d'Acadie, 1994, 265 p.

Rameau de Saint-Père, François-Edmé, *Une colonie féodale en Amérique : L'Acadie. Tome 2*, Montréal/Paris, Éditions Granger frères, 1889, 425 p.

Rameau de Saint-Père, François-Edmé, *Collection de documents inédits sur le Canada et l'Amérique. Tome premier*, Québec, Imprimerie de L.-J. Demers & frères, 1888, 211 p.

Rameau de Saint-Père, François-Edmé, *Collection de documents inédits sur le Canada et l'Amérique. Tome deuxième*, Québec, Imprimerie de L.-J. Demers & frères, 1889, 202 p.

Rameau de Saint-Père, François-Edmé, *Collection de documents inédits sur le Canada et l'Amérique. Tome troisième*, Québec, Imprimerie de L.-J. Demers & frères, 1890, 227 p.

Renaudot, Theophraste, *Recueil des gazettes, nouvelles, Relations & autres choses Memorables de toute l'Annee 1632. Dedie au roy.* Paris, Au Bureau d'Adresse, 1633, p. 282-283.

Richard, Louis (Monseigneur), *Les familles acadiennes de la région de Trois-Rivières*, Société de généalogie de la Mauricie et des Bois-Francs, 1990, 341 p.

Robichaud, Donat, « Robichaux (Robichaud, Robicheau), Jean-Baptiste », *Dictionnaire biographique du Canada* [En ligne], 2000, [http://www.biographi.ca/009004-119.01-f.php?&id_nbr=2635] (Consulté le 14 mars 2013).

Rousseau, François, « Aumasson de Courville, Louis-Léonard », *Dictionnaire biographique du Canada* [En ligne], 2000, [http://www.biographi.ca/EN/EN/009004-119.01-f.php?id_nbr=1741] (Consulté le 13 mars 2013).

Roux, François, « Arrivées St-Malo et Brest » (transcriptions des listes établies par Louis Xavier Perez à partir des documents conservés aux Archives de la Marine à Brest), *Poitou-Acadie-Bretagne*

[En ligne], 14 août 2005 [http://froux.pagesperso-orange.fr/St_malo_arrivees/index_arrivee.htm] (Consulté le 13 mars 2013).

Roux, François, « Liste des passagers du St François », *Poitou-Acadie-Bretagne* [En ligne], 14 août 2005, [http://froux.pagesperso-orange.fr/divers/stfran.html] (Consulté le 13 mars 2013).

Roy, Joseph-Edmond, « Les Acadiens à Beaumont », *Bulletin des recherches historiques*, vol. 5, n° 6, juin 1899, p. 182.

Roy, Pierre-Georges, *À travers l'histoire de Beaumont*, Lévis, s.e., 1943, 309 p.

Roy, Pierre-Georges, *« Lettre du ministre Colbert à Talon (4 juin 1672) », Rapport de l'archiviste de la province de Québec (RAPQ)*, tome 11, 1930-1931, p. 168-170.

Roy, Pierre-Georges, « Mémoire du Canada » (Louis-Léonard Aumasson de Courville), *Rapport de l'archiviste de la province de Québec (RAPQ)*, tome 5, 1924-1925, p. 94-198.

Roy, Michel, *L'Acadie des origines à nos jours. Essai de synthèse historique*, Montréal, Québec Amérique, 1981, 340p.

Rumilly, Robert, *Histoire des Acadiens. Vol. I.*, Montréal, Fides, 1955. 548 p.

Sa'n, « Premiers occupants. Depuis toujours les Indiens ont vécu ici. Il y a longtemps… », *Mi'kma'ki internet igtug* [En ligne], s.d. [http://www.astrosante.com/PremiersAmgwesewajuit.html] (Consulté le 11 mars 2013).

Tanguay, Cyprien, À travers les registres, Montréal, Librairie Saint-Joseph/Cadieux & Derome, 1886, 276 p.

Tanguay, Cyprien, *Dictionnaire généalogique des familles canadiennes, 1700-1760, volume 5*, Montréal, Eusèbe Senécal & Fils – imprimeurs-éditeurs, 1888, 305 p.

Tanguay, Cyprien, *Répertoire général du clergé canadien par ordre chronologique depuis la fondation de la colonie jusqu'à nos jours*, Québec, C. Darveau – imprimeur-éditeur, 1868, 321 p.

TÊTU, Henri et Charles-Octave GAGNON, *Mandements, lettres pastorales et circulaires des évêques de Québec, Volume Deuxième*, Québec, Imprimerie général A. Côté et Cie, 1888, 566 p.

THIBODEAU, Serge Patrice, *Journal de John Winslow à Grand-Pré*, Moncton, Perce-Neige, 2010, 311 p.

VANDERLINDEN, Jacques, *Se marier en Acadie Française XVIIe et XVIIIe siècles*, Moncton, Éditions d'Acadie, 1998, 264 p.

VASQUEZ-PARRA, Adeline, « L'accueil des exilés acadiens suite au Grand-Dérangement dans la colonie du Massachusetts de 1755 à 1775 », *International Journal of Canadian Studies / Revue internationale d'études canadiennes*, nº 44, 2011, p. 91-110.

WADE, Mason, « Le Borgne, Emmanuel », *Dictionnaire biographique du Canada* [En ligne], 2000, [http://www.biographi.ca/009004-119.01-f.php?&id_nbr=413] (Consulté le 13 mars 2013).

WEBSTER, John Clarence, *The journal of Joshua Winslow, recording his participation in the events of the year 1750 memorable in the history of Nova Scotia*, Saint John, N.-B., Publications of the New Brunswick museum. Historical studies, nº 2, 1936, 40 p.

WINZERLING, Oscar William, *Acadian Odyssey*, Eunice, Louisiane, Hebert Publications, 1981, 224 p.

WHITE, Stephen A., *Dictionnaire généalogique des familles acadiennes : première partie 1636 à 1714. Volume I et II*, Moncton, Centre d'études acadiennes, 1999, 1641 p.

Archives nationales du Canada

Bibliothèque et Archives Canada http://www.collectionscanada.ca/

Lettre de Monsieur Vaudreuil de Cavagnial au ministre, Montréal, 6 août 1756.

Archives nationales du Canada (ANC), Série C11A vol. 101, f. 81v-82r. nº MIKAN : 3072848.

Archives nationales d'outre-mer, France

Archives Canada-France. Histoire d'une terre française en Amérique http://www.archivescanadafrance.org

Confirmation du gouverneur d'Acadie pour Charles de Saint-Etienne de La Tour. Copie datée de Louisbourg, 5 novembre 1720.

Archives nationales d'outre-mer (ANOM, France), COL C11D 1/ fol.82-83v.

Copie d'une lettre de certains habitants de Port-Royal à feu Henri Daudin, rivière Saint-Jean, 31 juillet 1756. Archives nationales d'outre-mer (ANOM, France), COL C11A 87/fol.405-406.

États de la conduite payée aux officiers mariniers et matelots, 1758, Amirauté de La Rochelle.

Archives départementales de la Charente-Maritime (France), B254.

Le sieur Labat au ministre: état des terres occupées par le fort du Port-Royal et des maisons à démolir comme nuisibles aux fortifications. 2 décembre 1705. Archives nationales d'outre-mer (ANOM), COL C11D 5/fol.157-158v.

Lettre de Monsieur Prévost au ministre, Louisbourg, 16 août 1753.

Archives nationales d'outre-mer (ANOM, France), COL C11B 33/ fol.197-201.

Lettre de Vaudreuil de Cavagnial au ministre, Montréal, 17 juin 1756.

Archives nationales d'outre-mer (ANOM, France), COL C11A 101/ fol.38-38v.

Lettre de Vaudreuil de Cavagnial au ministre, Montréal, 26 juin 1756.

Archives nationales d'outre-mer (ANOM, France), COL C11A 101/ fol.39-40v.

Lettre de Vaudreuil de Cavagnial au ministre, Montréal, 6 août 1756.

Archives nationales d'outre-mer (ANOM, France), COL C11A 101/ fol.78-83.

Lettre de Vaudreuil de Cavagnial au ministre, Montréal, 7 août 1756.

Archives nationales d'outre-mer (ANOM, France), COL C11A 101/ fol.84-87v.

Lettre de Vaudreuil de Cavagnial au ministre concernant Gaspé, Montréal, 19 avril 1757.

Archives nationales d'outre-mer (ANOM, France), COL C11A 102/ fol.17-18.

Lettre de Vaudreuil de Cavagnial au ministre, Montréal, 19 avril 1757.

Archives nationales d'outre-mer (ANOM, France), COL C11A 102/ fol.30-33.

Lettre de Vaudreuil de Cavagnial au ministre, Montréal, 14 juillet 1757.

Archives nationales d'outre-mer (ANOM, France), COL C11A 102/ fol.81-83v.

Lettre de Vaudreuil de Cavagnial au ministre, Montréal, 20 juillet 1757.

Archives nationales d'outre-mer (ANOM, France), COL C11A 102/ fol.88-89.

Lettre de Vaudreuil de Cavagnial au ministre, Montréal, 8 mai 1759.

Archives nationales d'outre-mer (ANOM, France), COL C11A 104/ fol.79-83.

Lettre du ministre Colbert à Talon, Versailles, 5 avril 1666.

Archives nationales d'outre-mer (ANOM, France), COL C11A 2/ fol.199-206v.

M. de Drucourt au Ministre, Louisbourg, 11 octobre 1757.

Archives nationales d'outre-mer (ANOM, France), COL C11B 37/ fol.66-67.

Monsieur Prévost au Ministre, Louisbourg, 27 septembre 1756.

Archives nationales d'outre-mer (ANOM, France), COL C11B 36/fol.134-136v.

Précis du plan des opérations générales de la campagne de 1759 (par Vaudreuil de Cavagnial).

Archives nationales d'outre-mer (ANOM, France), COL C11A 104/fol.47-52v.

Voyage. En hyver, et sur les glaces de Chédaïque à Québec. 1756.

Archives nationales d'outre-mer (ANOM, France), COL C11E 4/fol.134-137v.

Musée de la civilisation, fonds d'archives du Séminaire de Québec

Monsieur Leguerne ancien missionnaire des rivières de Chypoudy, Petkoudiak et Memeremkock sur les terres de France en Acadie.

Musée de la civilisation, fonds d'archives du Séminaire de Québec, Séminaire 14, Liasse 6, n° 14.

Index des noms propres

C

G

H

J

K

L

M

N

O

P

S

T

V

W

Table des matières

Première partie

Deuxième partie

Troisième partie